元華文創

頂尖文庫 EA023

知識
智慧與領導

KNOWLEDGE

WISDOM

LEADERSHIP

蔡金田 著

序

　　Cooper 曾談到「知識是過去，智慧是未來」；Confucius 提出「知道你所知道的，不知道你所不知道的，那就是真正的智慧」；Carey 認為「知識與智慧不同，前者讓你生存，後者延續生命」。知識始終存在於人類生活的各個層面，面對人類未來的發展，智慧則扮演了重要的角色。

　　生活在一個知識社會中，必須了解如何以及何時使用工具取得知識，以解決生活所面對的問題。然而，鑑於雖然知識越來越多，但人們似乎仍然以驚人的速度遭遇挫折或失敗，這個世界告訴我們生活的複雜性似乎超越了可應用於解決問題的知識，未來的不確定性，讓人類不得不明智地接受自我的無知，而必須採取相對的行動以保有為人處世的信心。

　　在心理學的調查研究中，智慧是一個被廣為探究的議題，除了智慧研究強調人類文化的革新與優質化人類生活外，智慧也體現了認知的協作、情緒和動機過程。自 20 世紀 70 年代以來，智慧已經建立了五個主要領域：智慧的定義，概念化和測量智慧，理解智慧的發展，研究智慧的可塑性，以及在生活環境中應用智慧的心理學知識。

　　如何讓組織能夠更有成效和更成功？關係領導者本身的特質，亦即如何領導的議題。Buddha 曾說，「想要知道什麼導致你前進，什麼阻礙你，就必須選擇通向智慧的道路」。組織中的領導是指導和引導人們在工作環境中的行為過程，領導者影響組織成員；組織成員常視領導者為榜樣；組織成員也會將他們的領導者視為他們的行為標準，而領導者在領導過程中，總是面對著問題和挑戰，必須提供問題的解決方案以及幫助解決組織內外部

的問題。智慧是引導領導者面對困境與迎向成功的武器，是優化人類生活與組織效能的催化劑，在人類社會演化中，始終扮演著重要的關鍵角色。

　　本書旨在闡述知識、智慧與領導的意涵與發展，並藉由三者相互關係的探討，進一步詮釋與深化其內涵。全書共分為十章，第一章旨在敘述知識、智慧與領導的關係及其重要性；第二章則在探究知識定義的多元觀點、分類、特色及其與智慧的關係；第三章則延續第二章知識與智慧關係，介紹智慧的多元概念、定義，智慧的內涵及相關特性；第四章接續本書的另一個重要議題－領導，分別就領導的理論、特性、規準以及新取向加以陳述；第五章在探討知識與領導的關係，介紹領導模式、知識與成功領導以及知識領導等重要研究與論述；第六章探討智慧與領導的關係，就智慧領導的能力、課題以及行動智慧加以闡述；第七章則論述智慧文化，文化影響組織甚鉅，本章旨在探討智慧文化的意義與建構，作為組織建構智慧文化的參考樣式；第八章重點在智慧領導的發展，分別就不同的智慧發展模式加以探討；第九章則專注於智慧領導模式的探究，藉由不同智慧領導模式的論述，來強化其在組織的運用，成為組織生存發展的利器；第十章將知識、智慧與領導的關係進行總結，完成本書著作。

蔡金田 謹識

於 暨南國際大學

中華民國 107 年 12 月

目次

序 I

目次 III

表目錄 VI

圖目錄 VII

第一章　緒論 1

一、知識與智慧是人類發展的重要資產 1

二、知識與智慧是有效領導的關鍵要素 3

三、知識、智慧與領導有著密不可分的關係 5

第二章　知識 9

一、知識的定義 10

二、知識的分類 14

三、知識的特色 20

四、行動知識 21

五、知識與智慧的關係 22

第三章　智慧...25

一、智慧的多元概念...25

二、智慧的定義..28

三、智慧的內涵..35

第四章　領導...53

一、領導的理論觀...55

二、領導的特性..56

三、領導的規準..58

四、領導形成的新取向..60

第五章　知識與領導...65

一、IDEAL 領導知識..66

二、隱性知識與領導...67

三、隱性知識和成功的主管...69

四、知識領導...71

第六章　智慧與領導...77

一、智慧領導的能力...79

二、智慧領導的課題...82

三、領導的行動智慧...84

第七章　智慧文化..87

一、智慧因文化而有不同的詮釋...88

二、智慧文化的意義...89

三、智慧文化的建構 90

四、智慧文化的整合教練模式 93

第八章　智慧領導發展 101

一、靈性領導的智慧發展 102

二、Sidle 領導的五個智能架構 106

三、領導輪智慧發展模式 107

四、MORE 智慧發展模式 109

五、Kegan's 的建構主義智慧發展模式 110

第九章　智慧領導模式 117

一、Ardelt 認知，反思和情感的人格特質整合模式 118

二、WICS 模式： 120

三、Intezari 與 Pauleen 智慧管理模式 128

四、Edwards 智慧功能模式 130

五、Biloslavo 與 McKenna 智慧模式 132

第十章　結論 135

參考書目 139

表目錄

表 1 個人智慧與一般智慧概念分析表................................33

表 2 領導意識的七個層級及其特性............................57

表 3 知慧領導七根支柱..83

表 4 認知發展階段的情感、認知與社會面向......................111

表 5 社會秩序和智慧發展..114

表 6 智慧的認知，反思和情感人格特質整合模式..................119

圖目錄

圖 1　知識、智慧與領導關係圖 7

圖 2　DIKW 模式 22

圖 3　DIKW 金字塔 43

圖 4　理論與實踐 46

圖 5　統整智慧的現象-實踐 47

圖 6　領導的五個進路 59

圖 7　從反思、認知到情緒的知慧領導七根支柱 82

圖 8　情境分析的四個觀點 91

圖 9　組織的四個象限 92

圖 10　整合教練模式巢狀系統 94

圖 11　改變的共同信念架構 96

圖 12　整合教練對話的改變流程 97

圖 13　靈性領導的智慧領導基礎 103

圖 14　領導的五種智能 106

圖 15　智慧領導輪 108

圖 16　Kegan's 社會秩序的建構發展流程 113

圖 17　領導的 WICS 模式 121

圖 18　智慧面向在管理的貢獻 129

圖 19　動盪環境的智慧功能 131

圖 20　個人層級的智慧模式 133

第一章 緒論

　　人類時代的演化由農業進入工業走向知識經濟時代。十八世紀中葉以前農業時代，利用土地與勞力獲益；十八世紀中葉到二十世紀末工業時代利用資本與技術賺錢；二十世紀末開始知識經濟時代利用知識創新來獲取利潤，而人類的活動也由個人逐漸走向社群與組織的團隊生活。因此，在當前環境中，知識、智慧已成重要資產，而要有效且充分運用知識與智慧，組織需要優質的領導者方能創造最佳效益，知識與智慧儼然成為優質領導人的關鍵因素。

一、知識與智慧是人類發展的重要資產

　　在過去二百年，新古典經濟學（neo-classical economics）僅確認兩項生產因子：勞力（labour）與資本（capital）。知識、生產力、教育、以及智慧資本皆被視為是衍生性因子，亦即屬於經濟生產體制外的因素。但是提倡新成長理論（New Growth Theory）的史丹福大學經濟學家 Paul Romer 則主張科技及其所植基的知識乃是經濟體系的一項內在構成要素，因此知識變成在經濟領先國家中之第三項生產因子（Romer,1986;1990）。

　　二十一世紀是知識經濟時代，傳統有形的經營資本已被無形的智慧資本所取代，數位化與網路化的知識成為知識型社會的主流，並躍昇成產生利潤的主要因素。知識已被視為是當前高度開發國家的經濟成長和生產力

之主導因素,因而在經濟表現上資訊、科技及學習角色,已成為關注的新焦點(OECD, 1996)。一個國家的財富不再仰賴取得與轉化初級材料的能力,而是取決於一個國家的人民智慧與能力,以及組織開發及利用這些能力的技術(TFPL, 1999)。因此知識經濟至少顯示兩項重要意義:(一)一個國家的財富創造能力必須仰賴知識的累增、快速擴散及有效應用;(二)一個國家必須發展成為一個學習經濟(learning economy),亦即透過教育、訓練及終身學習,提供給在家庭、學校、職場及社區的人們之持續學習機會,以厚植提升國家競爭力所需的人力資本。

在人類的生活情境中,經常運用智慧的理念來辯證一些存在的事實,例如好與壞、正向與負面、依賴與獨立、確定與懷疑、控制與非控制、優勢與劣勢、自我中心與利他主義等,而辯證並非意味著要做出選擇決定,而是呈現人類生存的兩種狀態。智慧迎向生活中的各種現象,從生活現象中加以洞察體驗,Staudinger 與 Kessler(2009)認為,在心理學領域,智慧有三個面向須加以統整,亦即認知、情緒與動機。首先,須深入洞察自我、他人與世界;其次是複雜的情緒規範(對於模糊的容忍度);最後是動機取向,一種超越自我,迎向他人與世界更佳的心態。智慧通常出現在社會情境中,透過訊息來加以引導(Montgomeryetal, 2002),但對於社會所釋放的訊息卻難於清楚區分對或錯,可能只是求得個人與群體的最佳平衡(Sternberg, 1998),既然求得共識往往是群體運作的模式,換句話說智慧追尋著一種共識,而非客觀真理的標準(Habermas, 1970),也由此可知,智慧的特質與其理論模式相關(Bluck & Gluck, 2005)。

Zohar 與 Marshall(2001)提到「解決意義和價值問題的智慧,可以將行動和生活放在更廣泛、更豐富、更有意義的環境下,用它來評估一種行為方式或一種生命方式,將會比其他方式更有意義」,經由智慧的整合,成為真正的人類,此乃心靈智能,亦是「終極智慧」。根據 Frankl(1984)的研究指出「人類生命中的主要動機在尋求意義」,Zohar 與 Marshall(2001)

認為心靈智能是詢問 "為什麼？" 並回答著我們每天所做和所經歷的一切，在其中找到問題的意義；心靈智能超越了情境環境框架的智能思考、感受、行動和行為的能力；心靈智能允許人類明智地反思他們自己的情況和參考框架，並創造性地和有意義地將其轉化為新的論述使其更有價值。

　　智慧始終存在於人類的生活，協助人類面對問題、思考問題、提出策略，解決問題進而產生價值，從早期智慧的概念至今皆伴隨人類的發展；而知識是知識經濟時代最被凸顯的資產，與資本和勞力有別的是，知識較屬於公共財（public good），一旦發現知識並予以公開，使更多使用者來予以分享並不會增加成本，亦即零邊際成本（zero marginal cost）。由上可知，知識與智慧會隨著時代更迭的在當前知識社會體系中更能凸顯其對人類發展的重要價值與貢獻。

二、知識與智慧是有效領導的關鍵要素

　　領導者應超越專業知識以及知道如何管理的有限性。管理知識體系常經由分解並融入不同領域，因此，傳統的管理知識模型成為專業人員所必需的基本知識（認知智能）（Jafari, 2000,2003, 2004; Zwerman et al, 2004）。知識結合高層次的分析技巧有助於提升知識在環境中的視角，提供了何地（know-where）？何時（know-when）？以及是誰（know-who）？的洞察能力（情緒智能），並將此知識運用於相對應的環境中（Goleman, 1995, 2004），它能為專家和管理人員提供必要的知識和管理工具，以便在低或中等複雜性和不確定性的環境中掌握挑戰，但這似乎尚不足以使他們明智地領導複雜適應性組織的變化，面對高複雜性的環境，往往需要的是更高的智慧（Aram & Noble,1999 ;Jafari, 2003; Ruuska&Vartainen, 2003）。

　　Jafaari（2003）、Lester（1994）、Robinson（2000）研究指出,「領導力

和社會文化能力變得非常重要……」當下的規範與方法相關的專業準備和認證模式已不適合新興的複雜社會。Stacey（1993）甚至認為，作為輸入 - 過程 - 輸出的簡化現實模型可能是一種失真，根本無法應用於面對隨時改變且無法預測的未來組織。因此，除了我們的知識體系所建議的規範基礎之外，我們必須承認需要更具創造性和反思性的策略。

在智能與領導績效的研究中，Daniel Goleman（1995）提出「情緒智能」，及其工作環境中高績效感受的重要性； Zohar 與 Marshall（2001）提出「終極智能（Iultimate intelligence），這是人類行為的主要課題，可運用它來發現價值並找到意義（Frankl,1984）；此外，認知智能（Cognitive Intelligence）乃指知識的專家，智力能力的量化是智力測試研究和應用的開始，智能（IQ）診斷（Binet,1916;Fancher,1985; Eysenck & Eysenck,1985）則在測量解決邏輯或策略問題的能力，使用各種工具的診斷結果仍然用於各種環境中認知能力和表現的預測；情緒智能（Emotional Intelligence）是管理知識，Goleman（1995）的情緒智能（EI）概念可能是最具影響力的，它可以在管理和領導力方面區分高低績效。

領導者必須理解為什麼有些事情能夠適應環境並予以實踐。這種發現和思考知道為什麼（know-why）（心靈智能）的能力，將使領導者能夠綜合解析，打破既有價值的框架和參考。因此，具備心靈智能的領導者將能夠超越傳統框架並為任何層面的活動和項目尋找新的意義來引領創造和實施新的願景（Zohar & Marshall, 2001;Jafari,2003;Mengelet al,2004）。

King（1999）談到為了達到有效領導，需要認識並更佳理解與我們應該關注於問題的解決而不是尋求先了解相關的偏見。首先，是領導者急於應用某種領導模式來解決我們面臨的問題，而不去質疑此模式的假設和影響，這可能會使領導模式成為問題的一部分。線性邏輯侷限了我們對環境和關係的認識和理解，因此，創造力和整全性思考將成為重要的焦點。其次，人們往往在熟悉且組織良好的環境中感到更安全，特別是在大多數專

業環境中典型的壓力情況下，我們傾向於避免進一步暴露於不安全狀態，並專注於在我們感到舒適的框架內解決問題，而不是先去嘗試理解。最後，我們需要忘掉「科學分離的理念（ideal of scientific detachment）」，理性和情感的邏輯迷思是分開的，只有當人們在情感上認同共同目標時，他們才會願意理解個人行為，目標和主題，並分享價值觀。基於上述現象，Frankl（1981）認為，「發現」新的意義和價值是相當重要的；King（1999）更建議我們應先發現和克服我們的偏見，其首要工作是學習暫時退出舒適環境，這將使我們能夠"了解自己"並發現新的價值觀和有意義的觀點，它將幫助我們明智地接受我們的侷限和無知，而不會完全失去對我們所知道的信心（Weick,2001），唯有這樣，我們才能理解如何相應地改變現實，並且仍然為未被發現的事物做好準備。

Sternberg（2002a）認為領導者需要智慧，因為領導者需要具有理念與分析能力方能決定想法是否良好；領導者需要實踐的能力來說服他人使其相信領導者的理念與價值；領導者需要智慧，使其能在短期和長期內平衡自己理念對自己、他人和機構的影響。Davies 與 Davies（2010）提出領導者應發展一套富有洞察力和挑戰性的標準，以便能使用智慧和效能來擬訂及選擇策略。

綜上可知，在面對急速變遷，不可預知的多樣性環境，隨著知識半衰期的加劇，一位成功的領導者當本自我革新知識、理念與價值，平衡個人與組織的利益，積極創新思考並具備多元知能與高層次智慧，來迎接挑戰、開創新局、戮力於卓越績效。

三、知識、智慧與領導有著密不可分的關係

我們生活在知識社會，必須獲得知識才能解決生活中所面臨的問題，

我們必須熟悉如何和何時去使用工具來獲得知識，進而解決所面臨的困境。但是雖然我們所擁有的知識逐漸增長，但有時我們似乎仍以驚人的速度遭遇失敗，生活的複雜性似乎超越了知識所能解決的困境，對於未來的不確定性，人們必須明智的去理解自己的無知，進而採取相對應的行動。林東清（2009）談到組織本身並無經營的知識與能力，組織運作完全依人的能力表現而定，唯有靠員工優秀的策略、管理、決策執行及問題解決，才能展現高績效的組織，而人的能力與績效主要依靠優秀的知識。王如哲（2002）談到，面對急速變遷的全球環境，組織領導人必須具備有異於過往的領導能力與特質，領導決策必須與組織目標和社會效益做更緊密的結合。因此在組織目標的引導下，領導者必須有效的掌控知識與智慧的課題，方能在此全球競爭的環境脈絡下進行有效的領導，實現組織目標與成效。

Mengel（2005）在「智慧與知識-領導的平衡」一文中分別提到 Cooper、Confucius 與 Carey 三人對智慧與知識的詮釋，其中 Cooper 曾談到知識是過去的，智慧是未來的；Confucius 認為真正的智慧是要知道你自己知道什麼，而且你也要知道自己不知道什麼；Carey 則主張永遠不要把知識誤認為智慧，一個可以幫助你生存，另一個可以幫助你延續生命。Thomas 與 Bainbridge（2002）談到未來的教育領導者仰賴的不再只是地位，而必須經由知識、智慧與能力來說服同僚，以及對教育的公正性與公平性作出承諾，以確保領導品質。因此，組織領導者如何運用本身的智慧遂行領導，以有效解決組織衝突，並對於發生於組織內、外的事件進行深度的了解、敏銳的識別以進行正確的判斷；另外，透過網路科技設施進行知識的擴大、擴展、傳遞與分享，並經由夥伴關係的建立以成就領導品質並建構組織內外競爭的優勢，是未來教育領導者應關注的焦點。

Mengel（2005）提出知識、智慧與領導的關係圖，如圖1。

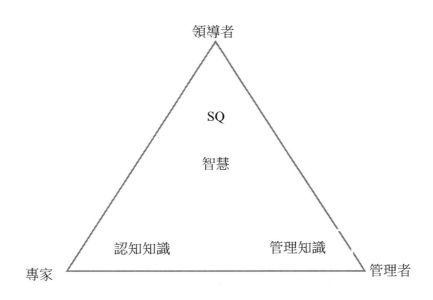

圖　1　知識、智慧與領導關係圖

　　如圖 1 所示，專家、管理者與領導者是三個不同發展類型，其所擁有的知識或智慧亦有所區別，專家具備的是認知知識，管理者是管理知識，而領導者是社會智能（Social Intelligence, SQ）與智慧。

　　基於上述之事實，今天的領導者需要擁有比專業更佳的能力，具備更加彈性、創造力、轉型所面對快速變化的複雜系統的能力。以智能和知識為本質的工作遠遠超越單純的分析。雖然認知智能和專家知識使我們能夠有效管理有限複雜性和低不確定性的環境；情緒智能和管理知識在此複雜的環境中亦是不可或缺的。為了能夠在高度複雜和不確定的環境中發揮領導作用，領導者還需要心靈智能，領導技能和智慧來發現新意義，並透過有意義的參與以及理解我們所了解及不了解的來創造新的和有價值的環境。在創造未來的同時，他們需要分擔責任和領導力，同時保持觀察並為

7

意外做好準備。

第二章　知識

Francis Bacon 說：「知識就是力量」。由此可知，知識除了協助個人取得基本的生存外，更能延續生活，而就個人所屬組織、社會、國家而言，更是創新與競爭力的催化劑，確保永續發展的能量，是人類成長與發展的最重要資產之一。

在工業時代，機器用來取代人力創造財富。知識經濟中則有很多人員與擁有高科技的工業，諸如電子通訊和金融服務業的知識經濟相結合。知識工作者（knowledge workers）被視為是「符號的分析師（symbolic analyst）」，亦即是操控符號甚過於機器之工作人員，包括建築師、銀行從業人員、流行設計師、藥學研究人員、教師，以及政策分析師（Information Technology Advisory Group, 1999）。知識生產、分配及運用存在著兩種不同的詮釋觀點，其中一項觀點主張人員能力（human competence）是居於任何社會之經濟發展核心，因而在任何歷史、社會-經濟形成中，聚焦於學習與知識的分析相當有用；另一種觀點是歷史特有的，並合法宣稱開啟了一個歷史新紀元，亦即人類社會已進入一個以知識為基礎的經濟（knowledge-based economy）、學習經濟（leaning economy）或資訊社會（information society），此種經濟比先前時期更高度且直接仰賴於知識的生產、分配及其利用（Foray & Lunduall, 1996）。

知識已被視為當前高度開發國家經濟成長與生產力之主導因素，因而在經濟表現上資訊、科技與學習角色，已成為關注的新焦點（OECD, 1996）。一個國家的財富不再仰賴取得與轉化初級材料的能力，而是取決於一個國

家的人民智慧與能力，以及組織開發及利用這些能力的技術（TFPL, 1999）。

在傳統的認識論，知識被界定為合理、真理與信念（Nonaka, 1994）。Fearn（2005）提到 Plato 知識的三個規準：一、一種真理的主張；二、是一種信念；三、具有合理性；Leidner（1999）認為知識是合理化個人的信念，進而增加個人能力以採取有效的行動。知識亦具有以下特性，Sveiby（1997）亦提出了知識具有「隱性的」、「行動取向的」、「由法則支持的」與「持續改變的」等四大特性；Grant（1996）認為知識特性有三，分別是「移轉性（transferability）」、「累積性（capacity for aggregation）」與「專用性（appropriability）」等；野中郁次郎（Ikujiro Nonaka）與竹內弘高（Hirotaka Takeuchi）（2011）在論及亞里斯多德提出的知識形態理論知識（episteme），就是放諸四海皆準的科學知識，以及技藝知識（techne），就是以技能為基礎的知識，如果說理論知識是知道原因，技藝知識是知道做法，實踐智慧就是知道該做什麼；劉克智、董安琪（2001）曾經提出，知識具備有「共享性」、「累積性」與「非實體性」三項特性；張志明（2000）認為知識有「無窮性」、「分享性」、「不可逆轉性」與「成長轉換加值性」等四大特性；李瑪莉（2002）指出「知識是智慧的泉源」，人類因為擁有知識，才能不斷的進步與更新；學校因為擁有知識，才能讓學生不斷的學習與成長，而知識需要有系統的管理方能產生效果。

上述的主張，無論就知識的界定或特性，對於知識在不同學門的理解提供了重要的理論基礎，有助於不同領域的分析與實證研究，將知識付諸於行動實踐。

一、知識的定義

Peter Drucker 認為就本質而言，「知識」是擁有者對特定領域的專業化

認知（張玉文譯，2000）；尤克強（1999）指出「知識」就是一切能為組織提升競爭優勢及創造財富的「腦力」和「能力」的總和；Quick（1981）將知識定義為經由思考產生具體與事實的資訊，智慧則是經由直觀所產生的真實知覺；知識較為複雜，智慧相較單純。

知識的定義隨著切入的角度不同而有不同的理解，今歸納分述如下：

（一）技術、實踐與解放的觀點

過往科學知識通常被視為智慧運作下的產物。Habermas（1971）認為知識存有三種型態：技術、實踐與解放，透過技術控制延伸人類的力量、對傳統的行動提出可能的解釋以及分析假設性知識以取得共識。換句話說，技術知識是經由科學來認知和理解這個世界；實踐知識則重視與認知人類的興趣，首重溝通；解放的知識則在將技術知識與實踐知識的束縛中加以詮釋；Meacham（1982）則認為，問題不在科學，而是科學的重要面向被忽略，亦即不確定性與社會的變遷，換句話說，實踐知識與解放知識必須確保技術知識的有效性。

（二）資訊與知識的觀點

知識常被視為是一種資源，且是結構化的經驗、價值、資訊和專家洞察力的結合，知識也被認為是理解和有效的處理資訊。亦有部分論述從關係的角度來定義知識。Meacham（1990）曾提到，知識是由資料與資訊的品質加以引導；Bierly III et al（2000）認為知識即在理解資訊以及進行資訊的整合；Davenport 與 Prusak（1998）也提出類似的定義，認為知識即是理解在不同環境脈絡中，如何去使用資訊；劉京偉譯（2000）認為知識指藉由分析資料來掌握先機的能力，它同時也是開創價值所需的直接材料；葉連祺（2001）提出知識是資訊再經選擇比較、組合的程序，轉化成可做為正確行動的根據或基礎，便是知識；張淑萍（2000）則強調知識是一種結合

資料、資訊、個人的經驗分析與主觀認定並與實際情境相呼應後，所產生的一種可運用的結果；李瑪莉（2002）認為「知識」包括各項有形和無形的有效資源、資訊和經驗，它是專家和個人經由仔細的觀察、研究和發現或組織、團體的共同運作，經過結構化的思考與分析，最後所呈現的結果。

（三）經驗與知識的觀點

知識也被視為一種經驗，將知識與個人經驗連結和詮釋，再依個人需要將資訊進行整理分析成為知識。Bourdreau 與 Couillard（1999）認為知識是一種專業的經驗；Davenport 與 Prusak（1998）也曾經藉由經驗來評定知識的發展；吳政達（2002）認為知識是結構化的經驗、價值、相關資訊和專家洞察力的融合，它提供了評價和產生新經驗和資訊的框架；吳清山、黃旭鈞（2000）提及知識意指由人根據實際的情境所作的判斷，以及知識指在許多地方實踐多次之後累積而成；許惠卿（2001）認為直觀的知識（intuitive knowledge），能有效率且有效果地把知識應用出來；劉京偉譯（2000）主張以知識為基礎，運用個人的應用能力，實踐的能力來創造價值的泉源。

（四）心理學的觀點

從心理學的觀點來看，知識的成長是技術、習慣、詞彙、資訊與概念等的累積，將上述特性緊密結合即為知識。認知心理學家 Piaget 在 1970 年代提出認知發展理論（cognitive-development theory）說明了人類知識的發生過程，他認為知識存在於認知結構中，透過不斷與環境的互動，經由個體內部同化（assimilation）、調適（accommodation）與組織（organization）過程，最後達成認知平衡與環境的適應，而人類的知識也在不斷的失衡與平衡中產生（張春興，1997）；Anderson（1983）的知識分類觀點，則將知識分為「程序性（procedural）」與「陳述性（declarative）」兩大類，認定知

識本質是儲存於記憶體的永久資訊結構，並且表現於記憶體中轉換結構對特定事務處理的情形，然而 Tulving（1972）將 Anderson 所述之陳述性知識進一步再區分為「語意性（semantic）」和「情節性（episodic）」的兩類知識；至於 Winogred 和 Flores 則認為知識就是以表現（representation）方式儲存在大腦結構當中，並經由語言傳達進而推理出來的訊息，依據個人知識的背景來源，將知識分為「經驗的（experience）」、「推論的（formal）」與「社會的（social）」等三類（黃麒祐，2003）；行為學派的理論認為在某一情境中，刺激與反應之間的聯結，一旦經過練習，則該聯結之力量，將因而增強，也促使學習成功，知識也由此產生 （詹棟樑，2001）。Davenport 與 Prusak （1999） 主張知識是一種流動性質的綜合體，它包括結構化的經驗、價值、以及經過文字化的資訊，也包括專家獨特的見解，為新經驗的評估、整合與資訊等提供架構。

（五）哲學的觀點

從哲學的觀點，實證論者認為知識是一項物件（object），乃是人為的、靜態的、形式的與永恆的物件，其價值不會隨時間而改變，因此知識是可以傳遞與共享的經驗或資訊；而建構者視知識為一過程（process），是有機的、流動的、動態的改變與演化之持續狀態，故認為知識的創造包含社會的流動或參與問題解決（吳清山、林天祐，2004）；希臘哲學家 Plato 亦曾說：「知識，是山洞中太陽投射在石壁上的影子。」這意味著人類對知識的理解主要出自於人類感官的體會 （吳思華，2001） 。

除上述知識分類外，Maryam 與 Leidner（2001）則採跨域闡述知識的定義，將知識分為六種觀點：（一）知識有別於資料（Data）及資訊（Information），呈現的是個人化的資訊，重點在於個體認為有用的資訊及對於資訊的吸收；（二）知識為一種知道及了解的心理狀態，藉由資訊的提供來增加個體對知識的學習及了解；（三）知識是一個物件（Object），在資

訊科技的領域中，認為知識是可以被編碼及可儲存的資訊，這個觀點使得資料庫、知識庫的建構與管理在知識管理中被強調是關鍵的一部份；（四）知識為資訊取得（Access to Information）後的內容，其強調的是有系統的組織資訊，以方便內容的取得與檢索；（五）知識是一種影響行為的能力，這種能力對組織的未來是有助益的，而知識管理的核心能力、Know-How和人力資本皆由此種觀點產生；（六）知識本身是一種過程（Process）的處理，焦點放在知識被創造、分享與散佈的過程中、人員間的關係及在工作上的合作程度。

然，不論是「資訊的處理」、「資訊的脈絡」、「有效的資訊」或者是「經驗」，都無法有效去陳述複雜的知識本質；心理學與哲學角度則詮釋了知識的不同界定。因此，知識呈現了人、事、時、地、物的不同樣貌，是經驗與價值的整合，可以取得、儲存、分享、擴散，可以評估、整合與運用，始終伴隨著社會的變遷與人類的發展。

二、知識的分類

上述知識定義多元，凸顯知識存在於人類生活的不同層次。因此，知識的分類方式亦隨著論述之不同而有所差異，如經濟合作與發展組織（Organization for Economic Cooperation and Development，簡稱 OECD）在1996 年的年度報告中，將知識分為四大類：首先是，知道是什麼的知識（know-what）：主要是敍述事實方面的知識，談論的是關於知識的「事實」。例如：紐約住有多少人？薄餅的成份是什麼？何時發生滑鐵盧之役等。在此，知識被正式叫做資訊--它能一點一點被分析和傳播，如資料一樣；其次是，知道為什麼的知識（know-why）：主要是原理和規律方面的知識。談論的是關於自然界，人類的心靈和社會的運作法則和原則；第三、知道如何

的知識（know-how）：主要是指對某些事物的技能和能力。當企業為了新產品或經理選擇和訓練同事時，都是利用他們知道如何的知識來判斷；最後，知道是誰的知識（know-who）：涉及誰知道和誰知道如何做某些事的知識，它包含有助於尋得專家，並有效使用他們的知識之特殊社會關係。而除OECD 對於知識類別的主張外，從不同的觀點對知識的類型有著不同的詮釋：

（一）組織的知識觀點

Harem、Krogh 與 Roos （1996） 主張組織知識可分為四大類：

1.瞭解缺乏的知識（scarce knowledge）：了解與認知到缺乏知識的知識。

2.知道別人知識的知識（knowledge about other's knowledge）：可幫助缺乏知識的人去尋求正確的人，請求給予協助的知識。

3.行為表現的知識（behavioral knowledge）：瞭解如何行為表現的知識，行為上的選擇由行為上的知識所決定。

4.工作導向的知識（task oriented knowledge）：關心如何解決工作上的問題的知識。

Quinn（1996）將知識在組織內運作的重要程度，將之分為四個層次：

1.實證知識（know what）：專業人員經過廣泛的訓練與實際經驗，所能掌握的特定領域的基本知識。

2.高級技能（know how）：專業人員必須將所學習的特定領域的專業知識，轉化為有效的執行，應用到複雜的現實問題上，並創造實用價值。

3.系統認知（know why）：對專業領域深入瞭解，在執行任務中習得知識，而能解決更大、更複雜的問題，以創造更大的價值。

4.關注為何如此做（care why）：包括追求成功的意志、動機與調適能力，此種知識可以使成員面臨外在環境快速變遷時，擁有更高的適應力。

Holsapple 與 Joshi（2001）認為組織知識可分為知識輪廓（schema）與

知識內容（content）兩類：

  1.知識輪廓：係指目的、策略、文化與基礎建設。

  2.知識內容：則指成員知識與處理後產生的知識。

（二）隱性與顯性知識的觀點

  亦有從隱性與顯性知識的觀點作為論述焦點，Polanyi（1967）首先提出知識的內隱性，並將知識分為內隱與外顯兩種，隱性知識與顯性知識是知識領域的兩個重要概念，他認為內隱知識屬於個人的，與特別的情境有關，且難以形式化與溝通；外顯知識則是指可形式化、制度化、言語傳達的知識，爾後相繼產出相關論述，茲將隱性與顯性知識相關論述列述如下：

  Sternberg（1998,2000）的平衡理論概念化的智慧視為將隱性知識運用到生活問題，包括不同生活層面與人際間的衝突。隱性知識是實踐的智慧，是一種過程以及如何達成組織目標的具體知識。智慧的策略乃在採取正向的倫理價值來平衡個人內在的衝突、人際間的衝突和團體衝突（Sternberg,2008; Sternberg et al,2007）。

  Nonaka 與 Takeuchi（1995）則將內隱知識定義為，無法用文字或句子表達的主觀且有形的知識，而將外顯知識定義為可以用文字和數字來表達的客觀且是形而上的知識。其中隱性知識是指尚未外顯化的知識，其原因可能是擁有知識的人不知如何傳遞或者無法傳遞。如果能將隱性知識外顯化，便容易傳遞給他人，為他人所用，未外顯化的知識是一種以人為中心的資產為個人所有，一個組織如果能轉化此個人知識資產，促成知識的分享並使其為組織所擁有，將有助於知識的流通與組織的成功。

  Argyris（1999）認為隱性知識為有效管理的首要基礎，Argyris 宣稱，有效管理的首要基礎乃是去界定和轉換完成組織目標的重要行為到例行性的工作上，例行性透過熟練的行為來執行，而熟練的行為是隱性知識的基礎。

　　王如哲（2002）指出學校人員經常忽略存在於本身之間的知識，結果無法分享並利用此種知識。隱性知識和工作經驗相關，但更超越於工作經驗，它是從已做過的經驗來獲得知識並進而解決複雜的實務問題。

　　在社會科學上隱性知識的整全性研究與現代特徵相關，而且跨越自然哲學的一些紀律和核心。Rebers 在 1989 年的實驗研究發現複雜的知識可能在沒有目的與意識的情形下獲得，因此，他建議將圖書館外隱性知識的研究轉移到應用社會科學的領域（Sternberg, Wagner, Williams, & Hovrath, 1995 ）。

　　另外 Nancy 與 Wayne（2001）亦指出在現存的研究中，有三個領域的隱性知識較為普遍，即人際間的隱性知識、人際內的隱性知識和組織的隱性知識，茲分別敘述如下：

1. 人際間的隱性知識－

　　人際間的隱性知識包括影響、控制和管理人員；建立信任感；支持、了解和與他人合作；從他人學習和掌控社會關係（Ford, 1986；Wagner & Sternberg 1985；Horvath et al,1994a ,1994b；Klemp & McClelland,1986；Sternberg 1985；Williams,1991）；Wagner 與 Sternberg（1985）、Sternberg（1985）強調要管理成功，人際間的隱性知識是重要的，這些知識包括建構和保持與董事會的關係、建立人員執行的能力、掌控公共關係、融入部屬、維持聯合會議、降低衝突與疏離、對知覺的反應、分享任務與目標、強化主管的角色與形像、支持董事會的決定、使用人際間與人際內的關係。

2. 人際內的隱性知識－

　　人際內的隱性知識是一種「自我的知識」、「自我的規範」（Gardner,1993；Wagner & Sternberg,1985；Sternberg,1985）。Wagner 與 Sternberg（1985）、Sternberg （1985）強調要管理成功，人際內的隱性知識是重要的。人際內的隱性知識包括行為一致性、建構個人執行能力、強化

主管的角色與形象、使用人際間與人際內的關係。

3. 組織的隱性知識－

在人際間與人際內隱性知識中，享賦聲譽的成功主管比例較高；而在組織的隱性知識中，典型的主管所佔的比例較高。這是值得加以研究的課題，因為隱性知識在企圖達成相關的目標，而在享賦聲譽的成功主管中覺得在處理自己與他人的知識上遠較為管理組織已達成目的來得重要；而典型主管剛好相反。 Horvath et al（1994b）主張在軍事主管中，系統層級取向遠甚於人際間關係取向，主管應有統整的觀點，因此須具備組織的隱性知識。組織的隱性知識包括建立信賴感、鼓勵向外延展、管理組織目標成就、管理有問題行政工作者、結合成員與組織、談判與協商、培育組織的穩定性、獎勵員工標準。

由 Nancy 與 Wayne（2001）的研究所發現的 21 個隱性知識的集群與現存研究中的三個領域的隱性知識之定義有不謀而合之處。21 個隱性知識的集群可分別歸入人際內、人際間與組織的隱性知識三個領域，正如 Baker 與 Hoy（2001）所指出的在現存的研究中，此三個領域的隱性知識是較為普遍運用的。另一方面，大部分隱性知識的整全性研究是發生在軍隊（Sternberg et al,1995）、推銷業（Wagner, Sujan, Rashotte & Sternberg,1999）、商業、法律（Marchant & Robinson,1999）和醫藥（Patel, Groen,& Norman,1991）。在學校方面，近來常被提及的隱性知識有相當多是關於教學方面，往往透過面對面、協同教學與合作教學來傳遞（Hargreaves,2000）。

而在組織知識的創造中，Nonaka 與 Konno（1998）從隱性知識與顯性知識的互動中提出 SECI 模式，即社會化（socialization）、外部化（externalization）、組合化（combination）、內部化（internalization）模式，其中社會化指隱性知識轉換到隱性知識；外部化指隱性知識轉換到顯性知識；組合化指顯性知識轉換到顯性知識；內部化指顯性知識轉換到隱性知

識。隱性知識亦可透過與顯性知識的轉換過程達到創造力、分享的功能。

（三）隱性知識與專家知識

　　另一值得探討的知識分類方式是隱性知識與專家知識的關係，Leithwood 與 Steinbach（1995）指出專家與非專家知識的區別在於是否能充分的應用領域知識有效來解決領域內所遭遇的問題，認為假使專家知識是指擁有複雜的技術與知識，據以完成一般認可的目標和紀錄；隱性知識可視為經由專家知識（部份特殊領域知識累積，且知曉如何應用以達成欲達到的目標）發展編織而成；此觀點如同 Chi、Glaser 與 Farrs（1988）的觀點，專家知識包含許多特殊領域的概念、過程、技術。隱性知識的行動取向是專家知識發展的重要要素，而專家知識對隱性知識的擴展亦相當重要。

　　Patel、Arocha 與 Kaufman's（1999）在分析專家知識的發展時發現，隱性知識的獲得發生在真實世界的環境中，包括在時間壓力與空間限制下的決策，多種因素交互作用下的表徵；隱性知識對專業的專家知識發展是重要的，而行動是在實務上領域知識具體化的關鍵性連結；隱性知識的獲得在於實踐，而顯性知識的獲得在於正式的訓練，而重要的是要去了解隱性的複雜角色和專家的顯性知識。Kennedy 與 Allison 指出，假使實務工作者能從經驗中學習，經驗對專家知識將有所貢獻，而不需去培育專家（Kennedy, 1987）。

　　上述概念強調專家知識與隱性知識在應用上的連結，特別在於專家知識在解決達成目的取向的相關問題。Bereiter 與 Scardamalia（1993）指出，隱性知識是看不見的知識，隱藏在智慧行動中－是專家知識的高度發展。此外，在相關研究中亦強調，專家的隱性知識通常是自發的，在潛意識狀態下執行（Bereire & Scardamalia,1993；Frederickson,1986；Sternberg,1985；Wagner & Sternberg,1985）。

19

　　綜觀上述論述，將存於人們智慧中的知識加以編輯處理的，大部分是知事、知技、知因的知識，這些知識能以系統的文書、資料庫、軟體等方式呈現出來，稱為顯性知識，而無法外顯出來的稱為隱性知識。知識外顯是知識分享的首要條件，但並非所有的知識都能外顯，如探因、探究等高階知識很難外顯，但它們可能是知識創造力的源頭，這些知識的獲得可能須從實務中去體驗與領會。

　　知識的分類形態，隱性知識與顯性知識為較廣義的分類組型，足以涵蓋認知知識與專家知識的觀點有的分類模式，亦是在知識經濟時代，組織知識管理的實踐中常被提及的知識類型及其交互作用，在理論與實踐工作面向逐漸獲得重視。

三、知識的特色

　　知識是一種廣泛、複雜、抽象以及模糊的概念，相較於其他有形資產，林東清（2008）認為知識存在著以下特性：

(一)　知識是隱性的：知識儲存於個人心智模式，大部分是隱性的，難以定義及模仿。

(二)　知識是行動導向的：知識能指導人類行動，具備行動力的知識才有價值。

(三)　知識是動態的：知識隨著人類心智模式不斷學習並加以修正。

(四)　知識是主觀獨特的：同樣的現象，每個人的詮釋及理解程度不會完全一樣。

(五)　知識可以複製再利用：透過適當程序，好的知識可以經由複製移轉到其他場所再利用。

(六)　知識不會磨損：知識運用與分享越多，其價值不會磨損。

（七）　知識就是力量：知識與能力能主導資源，產生影響他人的力量。

（八）　知識不完全競爭：知識品質具差異性，所以不屬於產品無差異
性的完全競爭市場。

（九）　知識有無限延展性：知識透過不斷學習、交流及綜效的產生，
可無限延展，潛力無窮。

四、行動知識

近年來有許多研究者運用知識本位的規範來執行實踐推理（Weisberg,
2013）。Hawthorne 與 Stanley's （2008）提出行動知識的主張，包括：

（一）理性-知識原則（The Reason-Knowledge Principle,

RKP）

如果你也選擇了 P，你也知道 P，，那麼將 P 作為行動的理由是恰當
的。RKP 體現了充分性與必要性要求，其中充分性主張在實際推理中使用
相關知識作為理由去進行實踐推理；必要性則指使用他們所知道的行為理
由是恰當的。Hawthorne（2004）、Hawthorne 與 Stanley（2008）亦提出
相同看法，認為 RKP 的必要性是評估實際推理的有效方式。

（二）預期效用原則（The Expected Utility Principle,

EUP）

選擇行為只有在最大化預期效用（超越個人信任與效用）時，才有理
由選擇行為。EUP 提到有兩個動機尤其具有影響力，首先是它與合理的共

識一致，EUP 強調在不同情境下直觀合理判斷的重要性；EUP 的第二個動機是技術性，強調定理、法規，若違反 EUP 意味著具有不合理的偏好，個人若缺乏最大化預期效用，將可能產生不合理的偏好或違反既定的原則（von Neumann & Morgenstern, 1944; Savage, 1954; Jeffrey, 1965; Joyce, 1999）。

五、知識與智慧的關係

在管理的觀點上，知識對智慧而言有其重要性，在知識的概念上，智慧在金字塔的頂端。DIKW（data, information, knoweledge, wisdom, DIKW）模式在管理、知識管理與資訊系統文獻中常被提及（Rowey, 2007），如圖 2。

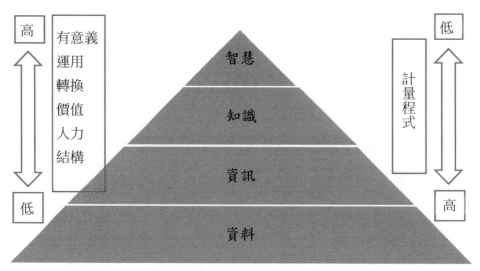

圖 2 　DIKW 模式

　　一般而言智慧被視為知識的上層概念（Ackoff,1989; Alter,1999;Faucher, Everett,&Lawson,2008;Pantzar,2000; Tuomi, 2000; Zins,2007）。知識對智慧的發展有其重要貢獻，知識的架構有助於理解智慧，但從傳統和普遍的觀點而言，知識無法產生智慧（Bierly,III et al,2000; Meacham,1990; Nunamaker Jr.,Romano Jr.,& Briggs,2002），在智慧的發展必須有其他重要特質的融入，例如判斷、認知、智能、經驗、價值與信念等（Batle & Smith,1990; Bireen & Svensson, 2005; Etheredge,1992; Holiday & Chandler,1986;Kodish,2006; Liew,2013; Roca,2008,2007; Rowley & Slack,2009; Tredget,2010）。然就DIKW 模式而言，了解知識的概念對知識而言是相當重要的。有關智慧部分將於下一章加以探討。

第三章　智慧

　　在過去的數十年中，行為科學研究人員對傳統的智慧概念表現出了新的興趣（Chinen,1984;Clayton & Birren,1980; Dittmann-Kohli & Baltes,1990; Sternberg,1990b），在歷史上一直被認為是人類發展的巔峰（Baltes & Staudinger,2000），此現象發生的原因可能是對正向心理學的新重視（Seligman & Csikszentmihalyi,2000）。智者可能具有許多正向的特質，例如成熟和完整的人格特質、出色的判斷能力，以及應對環境變遷的能力（Assmann, 1994; Bianchi, 1994; Clayton, 1982; Dittmann-Kohli & Baltes, 1990; Kekes, 1983, 1995; Kramer,2000; Sternberg,1990b,1998; Vaillant,1993）。此外，與智力不同，智慧不會隨著年齡的增長而下降，相反，傳統上智慧一直與社會的長者相提並論（Assmann,1994; Baltes & Smith,1990; Holliday & Chandler,1986; Kekes, 1983）。

一、智慧的多元概念

　　智慧是一種多元的概念，隨著環境脈絡的差異而有所不同。在有關智慧文獻的探討中，智慧被視為多層面的建構，並與品質互為關連，已獲得普遍的共識（Ardelt, 1997;Baltes & Staudinger, 2000; Kupers, 2007; Montgomery et al, 2002; Rowley & Slack, 2009; Sharma, 2005; Webster, 2003），今從不同觀點分別論述如下：

　　首先，始於古希臘哲學家的哲學觀為主，如 Plato、Socrates 與 Aristotle；在東方的研究則以 Confucianism 與 Buddhism（Case, 2013; Harwood, 2011;Yang, 2011a）；Jeste et al（2010）在報告中也提及傳統宗教對智者的心靈特質。

　　其次，在心理上，智慧被視為專家知識（Baltes & Kunzmann, 2004），以及人類相關事務的判斷，包括結構的問題、環境脈絡與經驗矛盾的覺知（Kramer, 1990）；Birren 與 Fisher（1990）提出智慧是完整的認知過程，引導人們行善；Kim（2014）認為智慧是一種美德，是積極反思學到的東西的結果，而不是被動地學習和記憶事實。

　　就管理與領導的觀點而言：智慧被視為體驗性知識，協助人們做出倫理的判斷（Liew,2013; Nonaka & Takeuchi,2011）；智慧也被視為情境脈絡，在此情境脈絡下，出現生命決策和管理，領導者試圖「過最好的生活」或「將負面事件轉化為正向結果」（Yang,2008a）。 Baltes 與 Smith（1997）提出，隨著領導者駕馭人際關係以及生活事物，智慧開始形成和發展；Webster（2007）認為智慧發展是領導者質疑舊的理解方式、期望、習慣所產生自動回應關係的結果，這種質疑的結果是更多的自我認知和智慧。。

　　就現象學的觀點：Kűpers（2005） 認為，對於智慧的探討若只專注於認知層面，將過度簡化「智慧」的意義，使智慧偏離多元的、社會的、系統的脈絡之軌道。因此，他運用現象學的概念，將情境實務（situated practices）列入形塑組織智慧的因素，把組織視為生活世界的體現，組織成員所接觸到的是一個同步交互關聯的感受領域，浸淫於眼、耳、嗅、觸的世界中。所以，在現象中體現的智慧，不僅受到領導者與跟隨者的思想之影響，更受到其感受、意向性、回應性之影響，並能與他們所經驗到之體現的、交互關聯的情境相整合。

　　經由跨文化的觀點出發：智慧是社會文化的過程，提供個人與公眾的發展（Kupers, 2007）；Dahlsgaard et al（2005），從東西方哲學與宗教的文

獻脈絡中發現智慧包含六個核心美德：勇氣、正義、人性、節制、智能與超越。智慧在西方的觀點，特別是 Aristotle 將其分為兩個主要概念：上智與實踐智慧，上智（或稱智慧理論）關注於永恆的真理，而實踐智慧則是行動取向，如做對的事（Tredget，2010）。

　　從歷史的角度來看：Taranto（1989）觀察指出，智慧（wisdom） 是一種人類最珍貴的價值，是一種美德，提供人類更美好的生活；對重要事務的判斷、汲取與知識的運用，覺知個人行動所產生的社會結果（Etheredge,2005;Rowley & Slack, 2009;Small, 2004; Tredget, 2010）；智慧關注於人類生活中各種事務的基本面向（Baltes & Kunzmann,2004; Pasupathi & Staudinger,2001）；智慧是知識的整合，為更好的人類生活做出判斷（Small, 2004）；智慧是關注於平凡人類生活的實踐（Rowley & Slack, 2009）；智慧協助人類去思考這個世界以及完整的生活，實踐智慧致力於良好的思考與執行力，不為成就特定目標，只為完整的品質生活（Mele, 2010）；智慧是生活實踐的專業知識，提供人類對生活情境的深度洞察與判斷（經由經驗與實踐獲得），亦即對追求良好生活的計畫、管理與理解，（Baltes & Staudinger, 2000;Mickler & Staudinger, 2008）；智慧的本質是多層面的，結合個人與公眾的面向（Aldwin, 2009）；Webster（2007）認為智慧是重要生活的能力、意圖與運用，來促進、優化個人與他人的發展；AM Azure Consulting Ltd　（2008）認為在以下情況下需要智慧：逐漸增加的複雜性與不確定性、需要做出困難的判斷、領導失序、面對罕見的技術與理論、淡化理論的重要性以及缺乏創新發展理論的機會；Kim（2014）認為智慧是一種美德，是積極反思學到的東西的結果，而不是被動地學習和記憶事實；Greene 與 Brown（2009）認為智慧是了解不同背景下的人，並願意幫助他們；Montgomery、Barber與 McKee（2002）提出智慧是與他人和善關係的脈絡下發展而成；Le（2005）將智慧的成長和發展視為一個關係和人際關係動態展開的過程，能夠提高意識和複雜性來看待人性的本質和問題的導致自我超越。Perdue（1990）則

將智慧分成傳統的智慧與批判的智慧，智慧已有很長的歷史，即使在現代仍受到重視。

在經由上述文獻的回顧，可知智慧涵蓋許多重要因素，例如人格特徵，如勇氣、正義、人性、節制、智能；具開放性，面對問題、分析問題、提出策略，試圖找到創造性的解決方案，以及接受不和諧意見和新方法的能力皆被視為智慧興起的必要條件。智慧必不可少的其他組成部分包括事實知識、自我知識和其他知識。擁有專業知識和事實知識不僅重要，智慧還需要自我認知、自我實踐深入了解自我、自我管理策略、融合不同的自我領域、平衡他人價值觀的能力、與他人關係的建立以及個人持有和管理生活的不確定性。智慧重視個人與公眾的發展，其目的在追求更美好的生活。

二、智慧的定義

智慧的定義具有多元的概念，除了個人、研究團隊分別對智慧定義提出相關論述外，傳統哲學、心理學、領導管理、歷史與教育學習等領域對智慧的定義亦有不同詮釋，茲分別敘述如下：

（一）個人、團隊與機構的論述

Khandwalla（1985）認為直觀是智慧的重要特性，他將智慧定義為直觀的判斷，要在複雜情境中做出判斷必須統整不同層面的資訊，此即智慧的過程，Johnson（1979）亦表示大多數的心理學者認同，直觀是智慧的重要因素。

Gardner（1983）把智慧界定為「在特定的文化價值標準下，解決重要問題或創造產品的能力」。Klichowski、Bonanno、Jaskulska、Costa、Lange與 Klauser（2015）談到，「智慧」兩個字近年來已逐漸為社會大眾普遍使

用，從飲食界到科學系統皆然。智慧的觀點清楚地描述了科技的脈絡，在任何時間、任何地方藉由科技的提升去滿足人類的需求。

Sternberg（2004a）認為智慧是個人智能與經驗的運用，藉以取得價值與成就，並維持一種個人內外在利益間的平衡，去適應環境、形塑環境與選擇新環境。

Webster（2007）指出智慧是運用能力、意念與重要的生活經驗去促進個人與他人的發展。

Baltes 與 Kunzmann（2003）認為智慧是在生活中面對重要、困難與不確定的問題做出判斷的專家知識。

Ardelt（2003）認為智慧是一種持續的進化理解，能夠兼具倫理與有意義的運用理解的能力去提升個人與他人的美好生活。

Kunzmann（2004）提出智慧整合認知、反思與情感層面；智慧或許是一種近乎烏托邦的完美，它統整了知識與品格，心智與美德。

Halpern（2006b）指出智慧是批判思考的技術或策略，使用這些技術以及後設認知來監控批判思考的過程，做出的決策可達成目標，並且能平衡個人與他人的利益，短期與長期的目標。

Baltes 與 Staudinger（2000）提出智慧是文化和共同產物的假設。

Staudinger 與 Baltes（1996）認為與智慧相關的知識本體跟技巧，會大量與複雜的儲存於個人的心智。

AM Azure Consulting Ltd （2008）認為智慧定義有數百種，每種定義都有不同的重點，反映了理論家和研究人員的不同觀點。定義涵蓋了一系列的思想，從生活行為到精神，主要論點如下：（一）實踐知識：詮釋和理解人類行為和活動，存在於生活現實中的知識；（二）認知的精熟：智慧是知道如何思考的後設智能。我們不能也永遠不會知道所有事情，我們必須培養認知技能，知道如何解決不熟悉的問題，並努力解決新的決定；（三）智慧卓越的判斷：判斷幾乎是每個定義中反復出現的主題，解決沒有簡單

答案並做出謹慎決定的問題，智慧是風險管理，優化整體結果；（四）智慧是特殊的洞察力：智慧看到隱藏的事物，智慧滲透敘述並確定什麼是基本和持久的重要性；五、智慧是生活方式：智慧是關於生命的價值觀和態度，以及應該如何生活。智慧是對經驗的開放，學習的謙遜，為他人提供建議的意願。智慧基於卓越的洞察力和理解的思維技能，是生活中的一部份。

International Business Machines Corporation, IBM（2017）曾針對智慧一詞有著詳細之詮釋，並下了以下定義：（一）智慧是一種跨領域的學習，發展新世代所需的能力；（二）智慧是不同的領導發展策略，對社群做出貢獻；（三）智慧是鼓勵發展多元經驗以解決複雜的全球問題；（四）智慧是透過學校運作連結良師與學習；（五）智慧係指在互動學習環境中進行彈性的學習；（六）智慧係指能取得全球的數位內容；（七）智慧係指能分享跨國的數位教學資源；（八）智慧係指透過不同的設備來傳遞教育，從電視到平板電腦，手機到網路，超越學校與家庭的學習；（九）智慧是數位學習檔案，提供學生、老師與家長能完整地看到學生學習計畫與需要，智慧是線上真實的測驗與分析；（十）智慧是不同國家以共同網路為基礎去分享理念並創造知識。

Baltes 及其同僚對智慧的定義和操作源於他們對認知機制與心智認知實踐的區分（Baltes, 1993; Baltes & Staudinger, 1993; Kunzmann & Baltes, 2003; Smith, Staudinger, & Baltes, 1994），這對應於眾所周知的「流體（fluid）」與「晶體（crystallized）」智力之間的的差異（Cattell, 1971; Horn, 1970），依據 Wikipedia（2018）指出晶體智力是指應用先前已獲得的知識經驗的能力；反之，流體智力是指在混亂狀態中發現意義（新知識）、解決新問題的能力。認知機制指的是心靈的生物「硬體設施（hardware）」或「大腦的神經生理學結構」（Baltes, 1993），會隨著年齡的增長不可避免地惡化（Baltes,1993; Baltes & Staudinger, 1993; Charness & Bosman, 1990; Salthouse, 1991）。相對的，認知實踐代表了心靈的，是心智的「軟體設施（software），

它們反映知識與資訊的類型，文化提供有關人類世界真實與程序性的知識（Baltes & Staudinger, 1993）， 這些認知實踐有可能隨著年齡的增長而增加（Glendenning,1995; Horn, 1970），但可能受到晚年普遍認知衰退的影響（ Baltes,1993; Baltes,Staudinger,Maercker, & Smith, 1995; Charness & Bosman, 1990）。

Yang（2008b）根據四個觀點對智慧提出定義：（一）人格特徵或能力的綜合；（二）人類發展的正向積極成果；（三）在開發更高層度認知結構後出現的最終狀態或能力；（四）關於生命意義和行為的集體知識體系。

Ardelt（2000b）、 Assmann（1994）、Labouvie-Vief（1990）認為，智慧不能獨立於個體而存在，如果真是這樣，那麼智慧本身就無法保留在個人之外，它在社會中的分配取決於構成社會的個人發展，而不是文化「軟體設施」的發展。當人們試圖保留智慧（例如，紙本）時，它可能失去了人與知識（理論）的轉化。

不像其他研究一般（Ardelt, 1997, 2000; Clayton & Birren, 1980; Helson & Srivastava, 2002; Kekes, 1983, 1995; Levitt, 1999; Orwoll & Perlmutter, 1990; Webster, 2003; Wink & Helson, 1997），Berlin 研究團隊不將智慧視為個人人格特質，而是一種專家知識系統，屬於心智的認知實踐（Kunzmann & Baltes, 2003）。Berlin 小組的工作重點是與智慧相關的知識，而不是智者，他們認為，如果目標不是智慧本身而是在於定義和研究智者，那麼智慧被視為知識的定義只是一個起步（Kunzmann & Baltes, 2003）。由此可知，智慧隱喻著存在於智者本身。

（二）哲學的定義

智慧嵌入哲學中，在公元前（Before the Common Era, BCE）包括三個要素：（一）sophia（智慧的概念元素）、（二）phronesis（實踐智慧）、（3）episteme（智慧科學）（Robinson, 1990）。這些最早的著作到 13 世紀的西方

文明,智慧的主要特徵是為日常生活提供建議、知識淵博、支持共同利益、過美好的生活、不犯錯與道德與中庸（Birren & Svensson, 2005）；早期的東方文明將智慧描述為從生活經驗和觀察中獲得的知識,發展對世界本質的理解(生或死);能富有同情心;善用直覺;具備道德;過著美好的生活（Birren & Svensson, 2005）;到 16 世紀,反思和推理已經加諸於智慧的定義中(Birren & Svensson, 2005）,諸如 Whiteheld（1967）提到智慧是知識的控制與運用、是對於相關議題做出選擇、是採用附加價值與立即的經驗、是明智的知識以及容易取得等;智慧是明確的原則與原由（Hakim, 2006）;使用知識做出正確的能力與判斷（Ostenfeld, 2003）;實踐智慧是推理與有效思考,引領正確的道德實踐（Baggini & Fosl, 2007）;智慧是個人哲學的概念化,所謂個人哲學包含生活知覺、對於環境互動複雜性的理解與平衡（Korac-Kakabadse, Korac-Kakabadse & Kouzmin, 2001）。

（三）心理學的定義

現代智慧定義包含了早期提出的許多要素,並分為兩大類:智慧的顯性定義和智慧的隱性定義。智慧的顯性定義源自專家意見和知識,通常奠基於理論模型,特別是發展模式(例如 Erikson 的心理社會發展階段,Piaget 的認知發展階段);顯性的理論是專業理論和研究者的建構,而不是非專業人員的建構（Sternberg, 1998a）。另一方面,對智慧的隱性定義是基於非專業人士對該用語的理解,是來自直觀的對人群的理解,而不須去探討這種理解的來源（Mitchell,Knight & Pachana, 2017）;是基於非專業人員對智慧和智者的信仰和心理表徵（Baltes,Glueck & Kunzmann, 2002; Kunzmann & Baltes, 2003）。

Staudinger（1999b）、Staudinger et al（2005）提出心理學有關智慧的研究,可以從「個人智慧」與「一般智慧」切入,個人智慧如本體論強調,對於生活的洞察力來自於個人經驗,相對的,一般智慧對於生活的認知則來

自觀察者的觀點。如何區分個人與一般智慧，對於心理學智慧的研究是有
所助益的，Staudinger 與 Gluck（2011）就個人智慧與一般智慧整理成表 1。

表 1　個人智慧與一般智慧概念分析表

作者	智慧取向	個人智慧	一般智慧
自我報告措施			
Ardelt	認知、反省與情感	V	
Erikson/Whitbourne	自我整合	V	
Helson & Wink	高個人成長/低調整	V	
Levensone et al.	超越智慧（相對於實踐）、自我超越	V	
Ryff	個人成長	V	
Webster	經驗、情緒規範、記憶與反思、正直、幽默	V	
績效衡量			
D¨orner & Staudinger	成熟的自我概念	V	
Loevinger	統整階段的自我發展	V	
Labouvie-Vief	高度情感的複雜性/低度情感的優越性	V	
Mickler & Staudinger	實現自我潛能，追求他人與社會的美好	V	
Berlin wisdom	基本生活的專門知識		V

paradigm			
Neo-Piagetian perspectives	後設認知階段（反思、判斷與辯證思考）		V
Sternberg	運用隱性知識擴大效益		V

（四）領導管理的定義

　　近年來對智慧的探索中，智慧主要被視為決策和判斷過程的範疇，同時仍然包含知識和反思能力等其他要素（Mitchell,Knight & Pachana, 2017）。Rowley（2001）認為智慧是融合能力、行動與知識去作出最佳的表現（倫理與社會規範）；智慧是知覺、探討、決定以做出有效的行動（Gibson, 2008）；智慧是最抽象化的，具有願景、前瞻與超越平行線的能力（Awad & Ghaziri, 2004）；智慧是情境中的重要實踐能力，它奠基在倫理的判斷以及個人相關的信念系統（Jashapara, 2004）；實踐智慧是一種體驗性的知識，有助於人們做出倫理的判斷（Nonaka & Takeuchi, 2011）；智慧是指最佳使用知識的能力，以建立或成就可達成的目標，而智慧的學習則奠基於辯證判斷的過程，和以知識為基礎的行動（Bierly,III et al, 2000）；智慧是形塑行動的品質，它能引導做出好的判斷、決定與行動（Rooney et al, 2000）；實踐智慧提供行動的樣式，它是行動過程與結果的正向規範（Roos, 2007）；智慧是社會可接受的，或是有效的經驗表現（Zeleny, 2006）。智慧是實現生活中，自我與他人價值的能力（Maxwell, 2012）。

（五）教育學習的定義

　　智慧意味著在知識與共同價值的基礎去選擇個人行為，提升最佳的個人行動與社會結果（Blasi,2006）；智慧是知識加上社群累積的經驗（Pantzar, 2000）；智慧是選擇的能量，是一種認識辨識、覺知自我知識的有限性，想要獲取更佳的品質以及自我的知識（Gayle,2011）。

綜上論述可知，智慧與實踐常相提並論，智慧不僅連結行動，它也包含了行動。就不同年代與學術領域的智慧而言，傳統的智慧較傾向與生活做結合，經由日常生活的問題的解決，兼顧倫理道德規範的前提下，去營造更美好的生活；而當代對智慧的理解較傾向於實踐智慧的概念，而非理論智慧；智慧與實踐智慧常被廣泛的交互使用，它是一種實踐能力、倫理判斷、信念系統、批判思考，以獲得最佳結果，在管理與教育領域已逐漸受到重視。

三、智慧的內涵

當前有關智慧內涵最常被提及的不外是 Gardner 在 1983 年所提出多元智慧的觀點，但審視回顧過去文獻的探究，亦不難發現無論在東西方的哲學、現代哲學與心理學以及組織等面向，對於智慧內涵的闡述亦不遑多讓，茲說明如下：

Gardner（1983）根據其多年對於人類心智的探討，建構出八種智慧認知架構，來詮釋人類天賦的多元智慧觀點（Gardner,1983, 1997, 1999; Gardner & Hatch, 1989），茲說明如下：

（一）語文/語言智慧（Verbal/Linguistic）

語文/語言智慧係指能夠有效運用口語和文字，作為思考工具與解決問題的能力。諸如律師、演說家、編輯、作家、記者等是具備此種智慧的代表人物。對具有語文/語言智慧能力較強的人，他們熱衷於文字遊戲，對語文、歷史等課程亦有較高的興趣，喜歡引經據典，熱愛閱讀、討論及寫作。

（二）邏輯/數學智慧（Logical/Mathematical）

邏輯/數學智慧係指能夠有效運用數字和科學邏輯，作為思考工具與解決問題的能力。諸如數學家、稅務人員、會計、統計學家、科學家、電腦軟體研發人員等是此種智慧的代表人物。具備較強邏輯/數學智慧的人，特別喜愛數學或科學類的課程，勇於提出假設並執行實驗以尋求解答，喜歡尋找事物的規律及邏輯順序，可被測量、比較、歸類、分析的事物較容易接受。

（三）視覺/空間智慧（Visual/Spatial）

視覺/空間智慧係指善於運用視覺心像及空間圖像，作為思考工具與解決問題的能力。諸如嚮導、獵人、室內設計師、建築師、攝影師、畫家等是視覺/空間智慧的代表人物。具有此種智慧優勢的人，對色彩、線條、形狀、形式、空間及其間關係感覺特別敏銳，對於玩拼圖、走迷宮之類的視覺遊戲感到興趣，亦特別喜歡在腦海中構思設計視覺圖像或空間矩陣。

（四）身體/肢體動作智慧（Bodily/Kinesthetic）

身體/肢體動作智慧係指善於以身體感覺與肢體語言，作為思考工具與解決問題的能力。諸如演員、舞者、運動員、雕塑家、機械師等是身體/肢體運作智慧的代表人物。具備此類智慧優勢的人平衡、協調、敏捷、彈性能力優於常人，熱愛於動手縫紉、編織、雕刻或木工，或是跑跑跳跳、觸摸環境中的物品，並擅長於運用整個身體來表達想法。

（五）音樂/節奏智慧（Musical/Rhythmic）

音樂/節奏智慧係指善於利用音樂、節奏、旋律，來思考與解決問題的能力。諸如歌手、指揮家、作曲家、樂隊成員、音樂評論家、調琴師等是

特別需要音樂/節奏智慧的職業。具有此優勢智慧的人對於節奏、音調、旋律或音色很敏銳，並且熱愛歌唱、演奏或欣賞歌曲。

（六）人際關係智慧（Inter-personal/Social）

人際關係智慧係指善於透過人際互動所得的回饋訊息，來思考與解決問題的能力。諸如政治人物、心理輔導人員、公關人員、推銷員等是此種智慧代表人物。具備此優勢智慧的人善於察言觀色，並區分他人的情緒及感覺，對於需要組織、聯繫、協調、領導的工作亦能勝任愉快。

（七）自我反省智慧（Intra-personal/Introspective）

自我反省智慧係指以深入探尋自我認知、情緒方式，來思考與解決問題的能力。諸如心理輔導員、神職工作、哲學家等職業適合自我反省智慧強的人擔任，這類人物有自知之明，能清楚感知自己的內在情緒、意向、動機、脾氣和欲求，並且能自律及自主。

（八）自然觀察智慧（Naturalist）

自然觀察智慧係指透過觀察、欣賞大自然事物來思考以及解決問題的能力。諸如自然生態保育者、農夫、獸醫、生物學家、地質學家、天文學家等是特別適合自然觀察智慧強的人所從事的工作。具備此優勢智慧的人對植物、動物、礦物、天文等，具有興趣及敏銳的觀察與辨認的能力。

Hollidy 與 Chandler（1986）談到從歷史的角度來看，智慧與傳統的社會系統有所衝突，在改變傳統的宗教與哲學觀。兩位學者更進一步研究指出，從心理學來定義智慧包含五個主要因素，分別是卓越的理解、判斷與溝通技術、基礎能力、人際技術與社會因素，智慧不是技術專家，是實踐與價值。

Chikszentmihalyi 與 Rathunde（1990）認為智慧有三個主要的意涵：智

慧是一種認知的過程，提供追求真理與事件結果的方法，透過知識的統整去了解真實的世界；智慧是一種美德，引導人們追求至善；智慧引導人們知曉真理，真理引導人類獲得自由。

Kramers（1990）整合情感、認知與意象建立智慧模式，他認為情感發展與認知發展交互作用產生智慧相關過程，包括個人的認知、脈絡背景的認知、有效互動的能力、改變的理解與成長以及情感與認知的意象。

Sternberg（1985）研究指出，智慧有六個優勢的要素，亦即推理的能力、睿智、來自理念與環境的學習、判斷、資訊的即時使用以及洞察力，Sternberg 進一步指出智慧相較於智能與創造力更為特殊，特別是在洞察力的功能（Sternberg,1990）。Stenberg（2002a）又指出，智慧包括洞察力或洞察力的直覺、開放性、進化、革新、高度、深化、包容、遠見、整體、意識、感受、知識、願景、故事、關懷、遭遇、參與、選擇和行動。它涉及合作、互動、對話、同情、恢復力以及不失去個人誠信和尊嚴來與他人共處。

Schowalter（1991）談到智慧涵蓋判斷、洞察、智能與知識，但卻不屬與其中任何一項特質。

Gibson（2008）在檢視智慧的相關文獻後，提出智慧包含知覺、經驗、符號、可實踐的前瞻性願景、優秀的執行者、組織與企業間的動態互動效應。

Green 與 Brown（2009）認為智慧由相互關聯的六個因素所組成，自我知識、理解他人、判斷、生活知識、生活技術與學習意願。

Rowley 與 Slack（2009）針對傳統東西方的哲學、現代哲學與心理學以及組織取向加以探索指出智慧是「人性，由經驗所驅動的認知與情緒的發展」，Jeste et al（2010）研究亦確認 Rowley 與 Slack 的智慧因素。Rowley 與 Slack（2009）進一步提出智慧的重要面向包括：（一）智慧是經由行動的嵌入或展現；（二）融合知識運用的感知與現象；（三）透過決策來展現；（四）在複雜與真實生活情境中做出判斷；（五）是非的判斷必須進行倫理

與社會規範的思考；（六）對於人際關係需要直觀、溝通與信任。

Kok（2009）從哲學與心理學的論述中，認為智慧含括幾個原則：（一）使用推理與縝密的觀察進行邏輯的演繹解說；（二）經由本體論評估事務的邏輯與真理，透過邏輯的論述來描述事物、過程與品質；（三）認知感知與內在思考對於決策與判斷的重要性；（四）能跳脫規範的框架，經由心靈層次去啟用願景、洞察與前瞻性作為；（五）經由洞察去了解生命的權變與現象的建構；（六）考量人道，做出賢明與寬容的決策；（七）迎向生活的導向與實踐；（八）陳述與理解工作的真實面向，尋找個人內在與社會酬賞的最佳生活。

Meek 與 Jeste（2009）分析 10 本出版著作，有關智慧的定義與描述後，提出智慧的六個次要因素：（一）親社會性的態度與行為：包括社會認可的良好成就、將智慧運用在良好的事務上、利他主義、面對他人的正向情緒與行為、熱情；（二）社會決定與生活的實踐智慧：擁有豐富人類本質與生活議題的知識以及處理生活問題的程序性知識、顯性知識與隱性知識的運用、具有實踐的智慧、良好人際關係技術並能迅速使用資訊、判斷以及生活知識和技術；（三）情緒的動態平衡：情緒的穩定性、避免面對他人的負面情緒、情緒管理；（四）、省與自我理解：具備反省能力、省思判斷、超越自我的理解、反省智慧；（五）價值的相對主義與寬容：能從多元的視角去檢視現象的能力與意願、能夠理解實踐智慧；（六）能有效處理不確定與模糊性的環境：能掌控不確定性（如知識的限制）、後設認知（了解不確定性、辯證思考能力）、行為（面對不確定性的行動能力）；認知智慧（不確定環境中的決策能力）。

Holliday 與 Chandler（1986）針對 500 位智者進行調查智慧的首要因素發現，智慧含括五個因素：優質的理解力、判斷與溝通的技術、一般能力、人際關係技術以及洞悉社會因素。Gluck 與 Bluck（2011）經由智慧問卷的編製來評量智慧的概念，問卷內容包含兩個分量表：（一）何謂智慧？

（二）如何成為智者？研究發現智慧有兩個典型的概念，即認知與統整。在認知概念上，認知與省思被評定為智慧的中心概念；在統整的概念上，認知、省思與情感的特質是智慧的重要面向。Gluck 與 Bluck 的研究亦發現，在發展智慧的過程中，來自於經驗與智者的學習是相當重要的途徑。在 Gluck 與 Bluck 之研究後，Konig 與 Gluck（2013）在智慧知覺與發展的量化研究發現中再度確認「認知」與「統整」的概念。

　　Bluck 與 Gluck（2005）研究分析智慧可歸納成五個要素：（一）認知能力要素：以經驗本位的生活知識以及推理與邏輯思考的問題解決能力；（二）洞察要素，搭起認知與動機的橋樑：個人有意願及能力去了解複雜的議題，若是缺乏充分的資訊，會積極蒐集，不會做出不成熟的判斷；（三）動機-情緒要素，智者的反思態度：不會快速做判斷或受強烈的情緒所引導，而會深入思考人、世界與他人的關係，有效抑制自我的情緒；（四）第四要素是智者顯現對他人的高度關懷：能認知並觀察到他人的觀點，也能看到別人能超越自我利益去關懷別人；（五）關注於特定要素，非僅是理論層面：智者擁有真實世界的問題解決技術，面對自我與他人時，能運用知識與判斷將問題具體化。除上述五項要素外，Jason et al（2001）認為，智慧也是靈性與本質的連結；智慧也是解放本質（Chandler & Holliday, 1990）；也是幽默（Webster, 2003）。

　　Brugman（2006）、Meacham（1990）提到 Berlin 的智慧典範是生活實踐的專業知識，包含五個標準（2 個基礎標準，3 個後設標準），第一個標準是豐富的真實性知識，關注於人類本質、生活發展（過程與結果）、人際關係與社會規範的知識；第二個標準是豐富的程序性知識，處理生活議題的策略與啟發性知識；第三個標準是生活脈絡，思考生活的相關議題（教育、家庭、工作、休閒、朋友與社會公共利益）以及不同議題的相互關係，從過去、現在到未來；第四個標準是價值與生活的相對主義，必須認可和容忍不同個體對價值的認同有這不同的觀點，求得個人與公共利益的平衡；

最後一個標準，即不確定性的識別和管理，智者能意識到這種不確定性，並能發展出管理的方法。

Ardelt（2003, 2004）將智慧界定為三個廣義的人格特質因素，第一是認知因素，奠基於瞭解人類情境的真相，特別是理解存在於人際內與人際間的事務以及知識的獲得；第二因素是反省因素，具備多元觀點的自我檢視與洞察能力；第三是情感的因素，對他人正向、同情與愛的態度。

Webster（2003, 2007）發展自我報告措施的智慧量表，來檢測五個相互關聯的智慧層面，並將五個層面整合成完整的個人態度。第一個層面是經驗，特別是困難度與道德的挑戰，那是個人深層的情感因素；第二個層面是情感的規範，特別是處理微妙或強烈情感事件時的敏銳度與能力；第三個層面是回憶與反省，隱喻智者對生活的反省，其目的在製造意義、維持認同、認同優勢與劣勢，以及處理困難的事情；第四個層面是開放性，提供智者新的可能性、觀點與問題解決策略，協助智者建立多元的技術；最後一個層面是幽默，在重要情境中的滑稽現象進行正向的反思。

Curnow（1999）根據歐洲與亞洲哲學，認為智慧包括四個中心要素：自我知識、分離、統整與自我超越。Levenson et al（2005）將 Curnow 的四個中心要素視為四個發展階段，自我知識是個人對於生活情境的覺知，包括角色、關係與信念；分離是個人對於自我意識外在方面短暫的覺知；統整是克服內心的困境與分離；超越是對於外在釋義以及個人與他人間心智疆界的獨立與解放。

Intezari（2013）再經由不同的智慧概念與文獻檢視後，提出智慧的面向包含：（一）關注於基本生活事物：智慧與人類生活事務有關；（二）知識：在採取智慧的決定與行動時知識是重要的因素，但智慧更甚於單純的知識累積，智慧是個人使用知識的能力；（三）經驗本位：經驗是智慧重要的次級因素；（四）倫理：智慧與道德交織而成，倫理是智慧的永恆面向；（五）實踐取向：智慧是行動，是存在與執行；（六）判斷：智慧致力於人

們對於生活中重要事務，做出良好的判斷；（七）非理性的；智慧兼有理性
與非理性的特質，它不只僅就結果做出判斷，對於達成目標的過程亦提出
檢核；（八）自我超越：智慧連結個人與社會層級，致力於個人與社會更加
完善；（九）情緒；智慧非僅單純的認知，尚包括情緒與情感，它在維持情
緒與邏輯的平衡；（十）對知識限制的覺知：智慧亦探討未被知曉的知識，
智者能覺知知識的受限性。

綜上智慧內涵的多元論述，不遑從人格特質、生活事務、反思實踐、
人際關係等構面來闡述其所涵蓋之內涵，在論述中不乏呈現彼此異同處，
顯示智慧內涵無法定調於一，是值得持續探索的課題。

然而在眾多的智慧詮釋中，亦不乏有其相關連結之特性，今就與智慧
有關之論述臚列如下：

（一）智慧、美德與卓越

在眾多文獻中，智慧與實踐智慧常被交互使用，因為這兩個字在過去
的意義上伴隨著卓越的概念（Begley, 2006）。Kramer（1990）認為理論與實
踐智慧是無法分離的。Aristotle 認為幸福是行為結束後的自我的滿足
（Beauchamo, 1991），人類的卓越包含道德卓越與智能卓越兩種類型
（Urmson, 1998）。Urmson（1998）即提出智慧與實踐智慧創造卓越，就理
論而言是智慧，就實務而言是實踐智慧；Begley（2006）指出所謂善的表現
即是美德與卓越。Polansky（2000）、Baggini（2007）將上述美德、卓越與
幸福的概念陳述如圖 3。

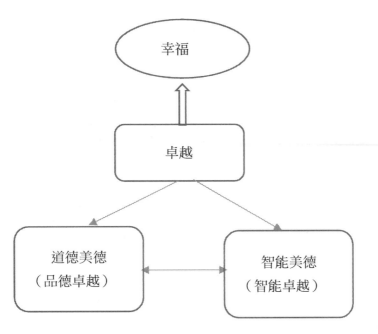

圖 3　DIKW 金字塔

　　然而智慧與美德的關係在相關文獻中無法獲得共識，例如 Roca（2007）認為實踐智慧是道德美德；但相對的 Polansky（2000）認為實踐智慧在智能美德之下；Schollmeier（1989）則提出實踐智慧是智能美德，並發展出道德美德。在 Aristotle 的認知上，實踐智慧是最高的智能美德。

（二）理論（哲學）智慧與實踐智慧

智慧通常被區分為兩種類型：理論智慧—形上的、奧秘的、抽象的、單純的或理論取向的智慧；實踐智慧—實際的、平凡的（Begley, 2006; Holliday& Chandler, 1986;Nonaka & Takeuchi, 2011; Ryan, 1996;Tredget, 2010）；實踐智慧奠基於行動的基礎，而理論智慧則是哲學本身，致力於真理的追求（Robinson, 1990）；Sternberg（1996）、Wagner（1987）與 Williams（1991）認為實踐智慧涵括實踐取向、環境塑造、問題解決等智慧；Williams（1991）認為實踐智慧是解決每天生活所面對的複雜性問題需要過程的知識，也就是說 knowing how 遠比 know that 來得重要。實踐智慧是潛藏的能力，去管理隱性知識的獲取或實務問題的解決，它包括人際關係、人際間的技術和洞察目標成就，實踐智慧是心靈的行動，在解決真實生活的問題；Wagner 和 Sternberg（1985,1986）指出實踐智慧是一種 know-how 的實踐，歸因於真實世界的成功案例，而非正式的教學、陳述與認知。理論智慧經由質疑人性的本質，結合更多理論來說明生命的意義，實踐智慧則結合人類事務中的行政、法律與管理（Moody,1983）。

Baggini 與 Fosl（2007）提到 Aristotle 認為人們在獲取知識後卻無法將知識融入他們的生活中，Aristotle 認為有三種心智狀態，亦即科學知識（episteme,認識論）、哲學或理論智慧(sophia,上智)與實踐智慧(phronesis)。認識論即為一種普世有效的科學知識（Nonaka & Takeuchi, 2011），在判斷事物的普遍性與必要性，從科學的觀點來理解事物，以知曉事物的本質及管理行為的原則（Robinson, 1990）；理論智慧是連結科學知識、智能與直觀理解，並將其運用於生活中，以追求真理（Baggini & Fosl, 2007; Kleimann, 2013），理論智慧源自與認識論所提供的知識（Baggini & Fosl, 2007），它不僅是真實的知識，而且此真實知識會融入人的知覺上（Ryan, 1996）。理論的智慧不是奠基在經驗上，但對實踐智慧而言，經驗與發展是必須的元素

44

（Baggini & Fosl, 2007; Begley, 2006），行動智慧是以行動本位（action-based）（Robinson, 1990），理論智慧則關注於哲學而非實踐，是一種永恆的真理（Tredget, 2010）。

　　實踐智慧行動取向（action-oriented）本質，重視倫理的判斷（Begley, 2006），人們以自身的能力來主導他的行動（Polansky, 2000），實踐智慧重視倫理與道德，缺乏善的引導，實踐智慧將無法實現（Roca, 2007），而理論智慧在理解倫理的概念與架構上是不可或缺的（Begley, 2006），實踐智慧的發展有賴於道德的實踐（Mele,2010）。其間關係如圖 4。

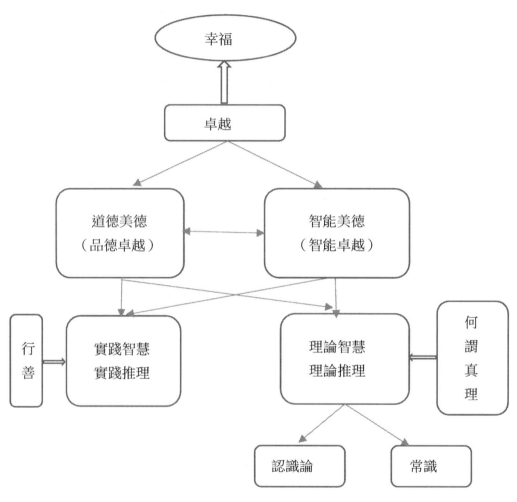

圖 4　理論與實踐

（三）統整現象—實踐的智慧

Kupers（2007）提出統整現象—實踐的智慧模式（如圖 5），整合多元

的「知與做的過程、共同的活動與功能、矛盾與反思的品質」。他認為智慧
是整合與關係的過程，包括智慧的個人與共有、外部與內部層面；以及智
慧的目的、系統、行為與文化的過程間的交互連結。Kupers（2007）認為智
慧是一種解放知識與判斷的嵌入樣式，在不確定性與矛盾的環境中做出有
意義的行動。

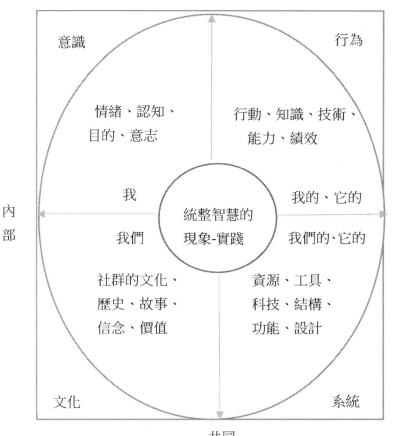

圖 5　統整智慧的現象-實踐

（四）隱性知識與實踐智慧

在組織人員隱性知識的架構中，隱性知識與實踐智慧是不能分開的。依 Sternberg（1996）、Wagner（1987）與 Williams（1991）之陳述，實踐智慧涵括實踐取向、環境塑造、問題解決等智慧。解決每天生活所面對的複雜性問題需要過程的知識，也就是說 knowing how 遠重要於 know that。實踐智慧是潛藏的能力，去管理隱性知識的獲取或實務問題的解決（Williams,1991），它包括人際關係、人際間的技術和洞察目標成就，實踐智慧是心靈的行動，在解決真實生活的問題。

Wagner 與 Sternberg（1985,1986）指出實踐智慧是一種 know-how 的實踐，歸因於真實世界的成功案例，而非正式的教學、陳述與認知。隱性知識通常是個人甚少說出、描述與分享（Sternberg,1985），也就是 Sternberg 在其實踐智慧所提出的「在真實世界任務能潛在的去執行成功，是一種沒有明顯教學與口語化的隱性知識」； Wagner 與 Sternberg（1985）發現有四種隱性知識對於成功的管理特別重要：（一）人的管理－知道如何去工作和指導其他人工作；（二）任務的管理－知道如何去管理每天首要的任務；（三）自我管理－知道如何擴展自己的表現和成果；（四）生涯的管理－知道如何去建立和提升自己的聲譽。

（五）社會實踐智慧

社會實踐智慧（Social Practice Wisdom）是智慧的實踐與運用理論，驅使個人與他人邁向卓越。在智慧的組織與管理研究中，David Rooney 與 Bernad McKenna 兩位被視為是先驅者（ McKenna et al,2009; McKenna,Rooney&Hays,2011; McKenna et al,2013,2006; McKenna,Rooney & ten Bos,2007; McKenna & Rooney,2007,2009; Rooney,Hearn, & Ninan,2005; Rooney et al,2010; Rooney,Hearn, & Kastele,2012; Rooney &

McKenna,2005,2009）。

　　在智慧的組織與管理研究中，Rooney 與 McKenna（2005）談到知識如缺乏價值論的層面，將使以知識為本位的經濟受到限制。他們提出在認識論中智慧，本位的再生是必要的，它能避免社會的失能以及在複雜科技社會中智慧的缺乏（Rooney & McKenna,2005）。兩人進一步強調智慧在當前社會的重要性，並強調智慧是組織實踐的理念，而實踐的結果是可以被測量的（McKenna et al,2007）。Rooney 等（2010）談到在組織中，好的判斷與決策不是自然發生的，智慧的品質才是形塑好的判斷、好的決策與好的方案的推力。Rooney 等人接續在管理的實踐上採用一種新的 Aristotle 取向—智慧的跨域驅動理論（inter-disciplinary-driven theory），一種結合哲學與心理學的功能，他們認為社會實踐智慧理論蘊含「理性、計量、直觀、洞察、想像與創造的整合」，知識管理、創造力管理必須融入組織的策略中。

　　社會實踐智慧融合知識（推理與合理性）與直觀（情緒與非理性）。McKenna（2013a）重申智者的思考不僅是理性、知識本位，也是一種直觀、倫理與抽象的反省能力，它明顯的結合了直觀、科學、價值與真理，超越了認知，解決智慧的相關問題。Rooney 等（2010）更進一步提出組織領導與管理的五項智慧原則：（一）理性與觀察是智慧的基礎；（二）將非理性與目標因素融入智慧做出判斷；（三）將智慧引導到真實的人性與道德的結果；（四）智慧是表述、本質、審美與酬賞；（五）智慧是實踐。

（六）行動智慧

　　行動智慧是近年來頗受到討論的議題。葉連祺（2001）指出知識如經應用和驗證後，能形成主導行動的智慧，並可做為產生、運用和統整知識的指引。林志成（2005）提出行動智慧係整合中國的實踐哲學與西方的行動科學，強調主體覺知，重視系統思考、系統理論、系統知識、行動知識及多元智能，希望透過對話性、反省性與解放性的向善實踐行動及人文倫

理行動，經歷「美感」的生命體驗，觀照並超越社會脈絡情境的限制，進而形成改善問題的統觀智慧與圓融風格，以實踐教育的理念，完成教育的理想。行動智慧者關切根本的問題，並能針對面臨的問題或困境，適時適切、恰如其分地，善用系統理論、行動策略、行動技術與行動步驟，以積極的行動熱忱，去解決問題與實踐教育理想。要言之，行動智慧不但是一種善用「覺↔知↔行↔思」的智慧，也是一種超越對立與矛盾，體證中庸哲學，強調「根本解」的實踐智慧。

（七）智慧的隱性與顯性研究

在心理學上，顯性研究主要在收集人們工作上的資料來加以分析，藉以檢證智慧的研究假設（Sternberg,1995）。心理學有關智慧研究的目的主要在理解行為與智慧的表現（Batler&Staudinger,2000）。Kunzmann 與 Batler（2005）在比較智慧的顯性與隱性理論時發現兩者的共同性不多。智慧的內隱研究以理論為基礎，奠基於智慧的常識、信念或心理學的概念（Staudinger,2008;Sternberg,1998），有些研究在評量智者的特質，以及他們如何經由語言去描述智慧這個名詞（Batler&Staudinger,2000）。智慧的隱性研究首推 Clayton 在 1975 年執行的隱性理論（Clayton,1975,1976,1982）。隱性的研究旨在透過檢證人類對智慧概念與特質的知覺去理解智慧，經由這些特質的評定與分析去確認智慧所涵蓋的主要層面（Staudinger,2008）。在此研究取向的引導下，Clayton 與 Birren（1980）將智者分成三個典型的層面：情感特質（如同情）、省思的過程（如直觀、內省）、認知能力（如體驗與智能）。Clayton（1982）將智慧定義為「獲得人類本質的能力，如矛盾、自相矛盾、持續改變，提供終身知識獲得的途徑」。

智慧的顯性研究有三個取向（Batler&Staudinger,2000;Kunzmann,2004;Pasupathi & Staudinger,2000）：（一）個性的發展：智慧與個性的發展有關，智慧是人性的特質：（二）認知發展：智慧與認知發展有關，智慧是辯證與

後形式（post-formal）的思考；（三）專家的發展：智慧是一種專家知識與判斷。就智慧本質而言，上述三個取向共同指向三個概念化：（一）在統整的概念上，智慧融入認知、情感與動機；（二）智慧是理想，並非人人可成為智者；（三）智慧設定行為的標準，引導如何面對自我與他人的行為（Kunzmann,2004）。

第四章　領導

　　行政是一種純然的服務，領導是志願服務於人民，一個領導者可能出於瘋狂、虛假、善良、真實……等等，因此領導的品質無法齊一而論，亦凸顯出領導的重要；領導可能是瘋狂的，也可能為組織的革新做出貢獻，它透過努力來解決一切事情，也可能集中在一些重要的項目上，它是授權於個人，使其有能力去協助他人。面對戲劇性的社會變革，組織的衝突管理與社會對組織的過度要求，都成為領導者的重要挑戰，無論公部門或私部門都存在著同樣的課題。領導必須從整體和歷史背景進行審視，不應只是單獨審視它周圍的組織、力量和事件，領導有一個環境的組合，一個歷史框架，一個有意義的整體和多元的影響。

　　蔡金田（2018）曾就領導研究的過去、現在與未來三個階段，分別提出各階段的領導議題如下：過去的領導研究的重要議題包括領導能力與角色、組織的學習團隊、領導品質、領導倫理等；今日領導研究重要議題包括組織環境、領導能力與角色、組織學習團隊等；未來領導發展的議題涵蓋領導的能力與角色、領導品質、組織學習團隊、組織環境、夥伴關係、人力資源的管理、領導倫理、多元文化、與同僚關係等。由上可知，雖然社會的進程不曾停留，但領導始終伴隨著社會的演化，並因應著社會演化趨勢的不同現況與問題，而專注於不同領導議題的探究，藉由領導的影響實現和諧的社會與完善的人類生活。

　　領導沒有完美的模式與明確的標準，領導相當復雜，以至於最多只能從中獲得線索，研究不同的領導風格僅及部分理解；我們可以在它發生時

感受到它並且了解什麼時候不存在。因領導的複雜性，所以領導品質難以齊一。Leo 與 Barton（2006）談到，未來領導者在領導執行過程，將處於一種不自然與複雜的環境脈絡中；Goldsmith（2005）談到全球化是未來領導者應擁有的重要能力因子，全球化的市場在未來將是一重要發展趨勢，隨著環境競爭壓力的快速成長，領導者必須進行跨國間的了解，籌組組織專業團隊，創造組織成功的優勢，此外，Goldsmith 亦強調未來領導者應具備以下科技的理解能力:(一)領導者能運用新科技的智慧促進組織的成長；（二）吸收、發展與維持網路科技的能力；（三）知道如何運用新科技進行管理與投資;(四)扮演引導成員使用新科技的積極角色；Kati 與 Dick(2018）亦針對 11 國的 402 位執行長作的問卷調查發現，68%的執行長承認，事後看來，他們上任時並未作好擔任執行長的充分準備。50%的執行長表示，推動企業文化的變革，比他們預期的困難。48%的執行長表示，找到時間獨處或自我反省，比預期困難。47%的執行長表示，在培植高階領導團隊方面，挑戰性出乎意料地大。這顯示在內部雇用和人才培育流程中，以及董事會對執行長的管理中，出現缺失。在內升的執行長中，只有 28%的人告訴我們，他們已為這個最高職位作好充分準備；在所有受訪者中，只有 38%的人表示，他們向董事長尋求坦誠的回饋意見，只有 28%的人尋求董事長以外其他董事的建議。

由上可知，領導品質的維繫必須對於人與環境的議題做出有效的因應與處理，諸如管理衝突與執行、組織內外在環境衝擊、多元文化族群所帶來決策與判斷的倫理考量等影響，都是組織領導過程中無可避免的問題。而領導者的素質關係領導效能是否彰顯，以對所處環境的議題提出有效的因應策略與決策，以為個人、組織、社會與國家做出貢獻。

一、領導的理論觀

在西方文化中，擁有高品質的領導，以實現理想結果是基本的信念也是重要的革新重點，雖然這是領導的普遍常識，但卻常被忘記它的重要性。就後現代主義的觀點而論，後現代理論認為人類是社會創造，而社會制度是人類根據他們的真實印象所維持的結構。後現代理論是解放的，個人應擺脫結構的必要性和限制，因為這些已經失去信譽，後現代主義者並沒有引入專門的指導來規範秩序，而是通過對差異的認識，使人們能夠自由地相互接近，個人在任何意義上都是自由的，不受人為的階層結構所影響，可以自由地與眾不同。Limerick 與 Cunnington（1993）也特別強調 Lyotard 的見解，Lyotard 認為資訊科技讓人們創造屬於他們自己知識的自由。後現代主義對差異的容忍，允許人類系統中更多的自由和創造力，不再受條件或條件限制的受害者（Ferguson,1980），而是具有想像力和發明能力，從而帶來新的可能性和社會創新。

建構主義強調社會關係的互動作用，並探討不同的關係如何影響並形塑生活。建構主義可以被定義為一種哲學立場，重視實體（reality）最直接和具體的意義，發現與研究心智的結構，學習者經由建構來回應他們的感官經驗，或經由心智、基模與認知結構的建構來形成對世界的意義與理解（Saunders, 1992）。建構主義理論對教育的最重要影響是它對合作學習的認可，建構主義強調學習是知識的創造，而在於只是獲得認可。當團隊成員協力工作已建構關於領導、團隊行為、完成任務的詮釋、回應、討論和選項的新知識，它便是一種領導的形成（leadership formation）而非領導教育（leadership education）。

55

二、領導的特性

Thomas 與 Bainbridge（2002）認為，社會進化需要三種形式的領導：理念的形成，理念的闡述以及最終構建這些理念。當領導者的價值理念與他們所領導的團隊一致或不同時，領導是否能發揮最佳效果仍存在著爭論。一般而言，只有在價值理念相似時，才有可能提出一些主張；亦有他者認為除非價值理念多元，否則領導不會發生。類似相關的爭論，領導者在被信任並被視為團隊模範時則領導者容易被接受；持不同價值觀論點者，強調領導是改變團隊價值觀的過程，其主張的立場是沒有變革領導就不可能存在。此兩種情況可能同時存在，領導者必須能完整勾勒社會的價值觀，但同時要有超越他的追隨者的個人價值觀。只有擁有追隨者，領導才有可能發生，領導者的觀點與價值觀與追隨者不一致，將無法擁有忠誠的追隨者，因此，領導是超越現狀，探索新思想和創造新形式的過程。

Barrett（nd）以營利性組織的領導為例，提出領導者經由精熟個人意識的七個層次和組織意識的七個層來成長和發展。真誠領導者，要展示全光譜意識，必須理解和精熟個人，以及其所領導的組織、團隊、業務部門或部門的動態。組織脈絡中領導意識的七個層級，主要集中在意識的生存和關係層面，如表 2。

表 2　領導意識的七個層級及其特性

意識層級		特性
7	服務（sevice）	願景領導者(Visionary Leader)：為社會，人類和地球服務。專注於道德、社會責任、永續發展和下一代。表現出智慧、同情和謙卑。
6	發揮效用（Making a difference）	導師/夥伴領導者（Mentor/Partner Leader）：戰略聯盟和夥伴關係，僕人式領導。專注於員工實現、教導和指導。 表現出同理心，運用直覺做決策。
5	內在凝聚力（Internal cohesion）	激勵領導者（Inspirational Leader）：強大的凝聚力文化，以及集體行動的能力。專注於願景、使命和價值觀。展現真實，誠信，熱情和創造力。
4	轉化（Transformation）	催化/影響者（Facilitator/Influencer）：賦權，適應性和持續學習。專注於個人成長、團隊合作和創新。表現出勇氣、責任、主動性和績效責任

意識層級		特性
3	自尊（Self-esteem）	績效管理者（Performance Manager）：高效能系統和流程。專注於策略、績效、卓越、品質、生產力和效率。顯示出對績效的自豪感。
2	關係（Relationship）	關係管理者（Relationship Manager）：員工認可，開放式溝通和衝突解決。創造員工和客戶忠誠度，並以尊敬的態度對待員工。
1	生存（Survival）	危機管理者（Crisis Manage）：財務穩定性、組織發展以及員工健康和安全。在混亂中能表現出冷靜，在危險中表現出決斷力。

三、領導的規準

　　AM Azure Consulting Ltd （2008） 認為領導的規準對於塑造組織未來的領導能力，以及其人才聘用的廣度、深度和多樣性至關重要，這不僅是正式政策的標準，也隱含了適才適所的假設，因此組織應重新思考領導規準，並規劃領導進程的五個階段，如圖 6。

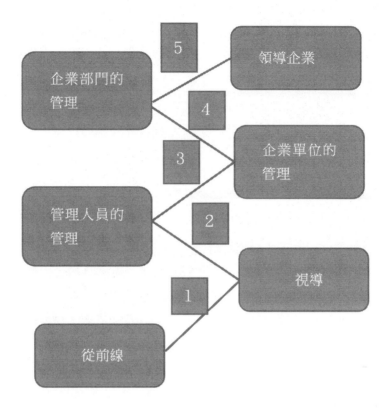

圖 6　領導的五個進路

　　由圖 6 可知，領導應重於緣起，人非生來就會領導，依據 AM Azure
Consulting Ltd 領導的五個進程，其領導概念是逐步由視導、管理再進入領
導的意境；而其對象則是由人的視導與管理，進入單位與部門的管理，再
昇華為企業的領導，此進路有助於釐清視導、管理與領導的關係。

　　領導教育的目的在於人類系統的改進，諸如團體、團隊、組織和社群。
回顧主流領導的相關文獻可知，領導者的目標是讓追隨者做他們不想做的
事情，但是經由建構主義的觀點來觀察人與人之間的互動會讓我們對領導
力產生不同的看法。從這個角度來看，當我們觀察一個運作良好的小組時，

我們會注意到小組成員做的事情導致了共同目標的實現（Bowlingh, n.d.）。Limerick、Cunnington 與 Crowther（1998）將這種行為稱為「催化行為（facilitative behavior）」，他們認為這不是隱藏的行為（hidden behavior），是被系統中的其他人所認同和期待的-這是一個角色。值得注意的是，小組中的每個人都以小或大的方式為目標的完成做出貢獻。可以說，每個人都在扮演角色或構建團體的工作方式，以達成要完成的目標。

四、領導形成的新取向

建構主義領導組成的觀點包含兩個隱喻：（一）如果領導在催化和促進行為，而成員也都參與此行為，那麼每成員都應該參與領導的形成；（二）如果領導是催化和促進行為，領導形成的目標應該是催化和促進行為的發展。為實現這些目標，領導教育者應設計課程和計劃，讓學習者參與新行為的發展，從而在團體、團隊、組織，社群等的協同工作方式上產生積極性的差異。作為該項目的起點，Bowlingh（n.d.）修改了 Yeaman（1994）的「後現代教學設計的八個理念」，為後現代領導創新者創造了八個理念，說明如下：

（一）參與領導形成的可行方式多元，不僅僅是一種理念策略。
（二）思考可能性而不僅僅是問題而已。主要任務是產生新的，更有價值的領導合作方式。
（三）樂於向學習者學習。確保每個人都在創造新的領導知識上有充分的發言權。
（四）避免浪漫的想法，亦即有一個完美的理性會議。儘管人們一生都在進行溝通，但在理解上很少有絕對的共識。
（五）在訊息中形成多元的詮釋、回應、討論和選擇。

（六）期待成員理解以及理解方式的多樣性，以多元思考取代線性思
　　　考模式。

（七）檢視、學習和建立成功的領導形成。

（八）評鑑成功的領導行為。原始任務是如何完成的？發生了哪些正
　　　向的事情？是否創造了新的領導形式？

　　上述理念可以運用於各種共同創建領導形成的課程和計劃，任何創造
人類系統成功行動知識的過程都是領導的形成，而其目標不是記憶和複製
成功的行動，因為這會導致惰性知識（inert knowledge），目標是促進行為
的發展，這些行為包括：

（一）讓多元詮釋、回應、討論和選項成為可能。

（二）經由差異的認同，催化成員的互動。

（三）維持組織結構階層的自由，讓成員與眾不同。

（四）點燃想像力和發明，帶來新的可能性和社會創新。

Thomas 與 Bainbridge（2002）認為，領導須包含以下要件：

（一）　領導力是一種情境，因個人和事件而異。這種情境通常有助於
　　　　成為領導者，讓領導者在正確的時間出現在正確的地方。

（二）　領導的養成培育沒有單一方法。領導者來自社會的各個階層，
　　　　擁有不同的風格。領導者的特質沒有固定的組合，也沒有單一
　　　　的教育計劃去培養具有領導素質的人。

（三）　領導者是擁有追隨者，沒有追隨者就沒有領導行為。領導者協
　　　　助團隊完成目標，引領追隨者到他們想去的地方，如果沒有共
　　　　同的目的地，就不需要領導者。

（四）　領導存在道德的隱喻。有時即使是最佳的目的也可能對他人產
　　　　生不利影響，同樣的適合某一個人的事情也可能會傷害其他
　　　　人，相對的，不恰當的領導行為可能會產生有益的影響。因此，
　　　　領導者必須將道德的有效性列為首位，在人們的行為中，道德

維度始終存在。

（五） 對歷史人物的研究有助於領導的理解。

Thomas 與 Bainbridge 接續談到領導的品質應兼具個人能力與科技能力。就個人能力而言，包括：

（一）能夠有效傾聽-理解內容和感受。

（二）能夠檢視收到信息的正確性。

（三）能夠坦率而清晰地說話，並直接與遭遇問題對話。

（四）能夠正向積極面對生活與工作。

（五）能夠理解和闡明學習過程。

（六）能夠保持最新、整合知識並利用研究。

（七）能夠從工作中獲得滿足和增強。

（八）能夠激勵自己並激勵同事。

（九）能夠嘗試新想法，承擔風險並鼓勵他人擁有相同特質。

（十）能夠表達目標，建立願景，激發組織的信心。

就科技能力而言，包括：

（一）專業和道德領導力。

（二）資訊管理和教育。

（三）課程，教學和學習環境。

（四）專業發展和人力資源。

（五）人事服務。

（六）組織管理。

（七）人際關係。

（八）財務管理和資源分配。

（九）資訊與科技系統。

其次在領導的必要條件方面，Thomas 與 Bainbridge 提出以下看法：

（一） 讚賞和保護民主原則。

（二）　保護和擴大基本人權。

（三）　堅持道德、公平、公正和正義。

（四）　了解最佳實踐知識，有效的教學法，大腦發展和其他教育研究。

（五）　遵守範例原則。

第五章　知識與領導

　　高希均（1986）在「做個高附加價值的現代人」一書的代序中指出：
「知識不僅是權力，更是責任」；管理大師彼得・杜拉克（Peter F. Drucker）
在《巨變時代的管理》（Managing in a time of great change）一書中，提出知
識是個人乃至整個經濟的關鍵資源。彼得・杜拉克聲稱我們目前正處於一
個轉型的時代，朝著知識社會邁進（周文祥、慕心編譯，1998）；Hewllet
（2006）指出知識經濟的時代中，成功的組織必須運用知識來進行決定；
尤其，在嶄新的全球化經濟環境中，知識更成為組織成功不可或缺的要素，
成功的領導者必須能培育並管理組織中的知識；Cavaleri、Seivert 與 Lee
（2005）也表示：「領導在設定方向（set direction），管理變革並建立組織
成果表現和改進能力，知識領導之所以能促使組織改進的立基，在於能實
行領導知識的策略和能力」；野中郁次郎（Ikujiro Nonaka）與竹內弘高
（Hirotaka Takeuchi）（2011）亦提及就領導人而言，知識比以前更為關鍵，
知識可創造永續的競爭優勢。公司學會如何獲取、儲存、散播知識，而能
持續激發創造力。

　　由上可知，這是一個知識領銜的社會，知識催化了組織的變革，知識
的獲取、儲存、擴散與創新是組織競爭與永續生存的關鍵，也因此，知識
與組織領導構成密不可分的關係。今將知識與領導的相關論述說明如下：

一、IDEAL 領導知識

Bowlingh（n.d.）使用 IDEAL 去發現領導的知識，說明如下：

（一）I 是確定問題（Identify the question）：成員共同確定小組想要了解的內容，例如小組成員如何獲得完整的意見？讓團隊成員一起工作的誘因是什麼？ 例如，如果理解有趣，則需要從小組成員描述為有趣的體驗中選擇小組體驗。

（二）D 是發現創造出最好的事物（Discover the best of what was created）：重點在於觀察，包括傾聽。該小組創建問題並訪談參與團體體驗的人，或者讓他們觀看視頻，閱讀故事或反思圖片，他們專注於思考、感受和行動。

（三）E 是探索未來的可能性（Exploring possibilities for the future）：活動期間，該小組會詢問參與者的體驗，體驗如果來自視頻、書面故事或圖片，則會在此體驗中提供其他可能的信息，並要求參與者先想像一個理想的體驗，然後告訴團隊想像的體驗。

（四）A 是積極創造新行為（Actively creating new behaviors）：小組成員互相參與對話，並利用他們所聽到，看到和感受到的方式共同創造新的合作方式，幫助他們實現共同目標，同時創造更深層次的社會紐帶和滿足感。

（五）L 是尋找他們創造的行為的積極影響（Look for the positive effects of the behaviors they have created）：當小組成員將新行為整合到他們的行動中時，他們應該關注小組如何成功的合作，進一步觀察和建構以引領社會的創新。

二、隱性知識與領導

　　許多領導人知識運用不當，且多半沒有培養正確的知識類別。現在，大家都很熟悉我們書中討論的兩種知識：外顯（explicit）與內隱（tacit）知識。領導人往往倚重外顯知識，但一味仰仗外顯知識，會妨礙領導人因應變局。理論至上的演繹式科學方法，假定這個世界上各種背景因素並不重要，希望追求具有普遍性與預測力的答案。然而，包括企業在內的所有社會現象，都受到背景因素影響；單只分析那些社會現象是沒有意義的，還必須考量到相關人員的目標、價值觀、利益，甚至他們的權力關係。但高階主管卻沒有把那些背景因素都納入考量。

　　領導者一向被視為影響組織效能的重要關鍵，從行為論、特質論、情境論等領導行為，以及近來常提及的願景領導、轉型領導、催化領導等，均強調革新策略的管理，形塑優質文化以促進組織學習與成長（張志明，2001）。而上述各種要素，都可能是一位成功領導者或多或少需具備的要素，其中可能隱含了許多難以外顯化的隱性知識群。Koulopoulos 與 Frappaolo（1999）提出知識領導者應扮演知識工程師、知識分析家、知識管理者、知識長、知識服務員的角色，以維繫組織生存、提升競爭優勢，如此的知識領導者應做好顯性與隱性知識的管理工作。

　　國外學者（Sternberg & O'Hara, 2000; Sternberg, Wagner & Okagaki 1993; Sternberg, Wagner, Williams & Horvath, 1995; Wagner & Sternberg, 1985; Wagner, 1987）曾經採取知識本位取向來理解實踐智能。在解決實務工作的問題有賴於擁有廣泛的知識基礎，而這些知識基礎的獲得除了經由正式的訓練外，個人的經驗亦是重要的知識來源，經由知識的連結來成功解決實務工作問題，即是隱性知識的特質。隱性知識無法開放性的展示，此知識

的獲得源自於個人的經驗，雖然個人可藉由行動來反思知識，但此隱性知識卻很難加以描述。

　　隱性知識源自於科學哲學(Polanyi,1966)、生態心理學((Neisser, 1976)與組織行為(Schön, 1983)，知識來自於每天生活的經驗。隱性知識是一種內隱的、難以闡明的知識。隱性知識是實踐智能的面向，能夠協助個人去適應、選擇和形塑真實世界的環境(Sternberg,1997;Sternberg & Horvath 1999; Sternberg & O'Hara, 2000;Wagner & Sternberg,1985)，隱性知識具有反省實踐能力的特質，從實務經驗中學習獲得知識，並運用所取得的知識來達成個人有價值的目標。

　　組織的隱性知識指組織成員個人情感、價值、知覺的核心，一般甚少加以正式化，因此一位成功的領導者除在顯性知識做好知識管理工作外，Sallis 與 Gary（2002）認為應重視以下工作之推展：

（一）尋找組織的隱性知識

　　在隱性知識的管理中，組織中最有價值的知識，存於組織內部成員的記憶中。隱性知識是高度個人化的，難以快速有效的溝通與參與，而每一位成員的記憶是難以加以複製，因此組織中隱性知識的獲得成為組織重要的課題。

（二）結構與科層化

　　傳統組織是高度科層化的，以管理和控制為中心，權力位於組織的最上層，採取由上而下的溝通方式。知識型組織需要新的結構、組織學習與知識溝通的能力，需要多元化的溝通管道與多元參與的決策，傳統組織強調在發展組織的專業上做好工作，甚少和其他專業領域協同合作，知識型領導者在創造豐富的學習與投入的結構與氣氛。

（三）建立信賴感

　　大多數的組織了解到成員合作有助於改善組織的表現，但要建構合作關係是困難的，因為在一般的組織中成員往往以競爭來代替合作。知識領導者則要求建構另一種不同的取向，去建立一種團隊工作、利益的分享與合作的氣氛以及信賴度。

（四）個人的值得信賴度

　　信賴是重要的知識議題，組織領導者對於此議題的最佳方式是讓成員能夠信賴他和真誠的行動。但要建立個人的信賴度並非容易的，可採取幾個方式，如誠實、授權、放棄控制、鼓勵參與、接受成員的觀點、信賴成員、訊息分享、服務成員、確認、信賴與監控等。

　　知識集成是學校組織存在的基礎，也是學校獲取競爭的關鍵因素（吳政達，2001）。學校領導者隱性知識的外顯化，藉由參與、分享、轉化、創造力，發揮知識的相乘價值，帶動整體組織的發展，將成為行政管理的另一新境界。

三、隱性知識和成功的主管

　　過去的研究發現，不同的情境與成功者在隱性知識的數量是不同的（Horvath et al., 1994b;Klemp & McClelland, 1986; Patel, et al., 1999; Tan & Libby, 1997;Williams 1991），但先前的研究沒有一個研究是有關教育行政的。根據 Nancy 與 Wayne（2001）的研究發現，成功主管較一般主管在隱性知識的數量上顯著較多，由學校主管訪談的資料中總共有 21 個隱性知識的集群，分別是：（一）行為的一致性、（二）建構和保持與董事會的關係、

（三）建立信賴感、（四）建立人員執行的能力、（五）發展行政工作者、（六）鼓勵向外延展、（七）掌控公共關係、（八）融入部屬、（九）維持聯合會議、（十）管理組織目標成就、（十一）管理有問題行政工作者、（十二）結合成員與組織、（十三）談判與協商、（十四）降低衝突與疏離、（十五）對知覺的反應、（十六）分享任務與目標、（十七）強化主管的角色與形象、（十八）支持董事會的決定、（十九）培育組織的穩定性、（二十）獎勵員工標準、（二十一）使用人際間與人際內的知識。

Johnson（1996）指出 1990 年代有關主管的經驗主義研究是闕如的，他以質性研究探討 12 位主管的領導取向，歸納出今日主管的三種領導類型：（一）教育領導－處理價值與願景；（二）政治領導－關心外在關係與內在活動；（三）管理領導－對組織結構的監督、支持與發展。

Johnson（1996）、Glass（1992）、Glass、Bjork 與和 Brunner（2000）研究結果指出，成功的主管必須有效的聯結隱性知識的獲得與使用。這些研究亦啟發了 Patel et al.（1999）的評論：「隱性知識的研究較專業知識更為重要，因為學習大部分是發生在正式訓練完成後的實務工作上」。

Sternberg（1996）表示「成功的表現是成功智慧的唯一真實測試」，成功的主管必須能夠思索「超越明顯的情境要求」到「隱喻的期望」，而隱性知識是實踐智慧的指標（Sternberg,1985；Wagner & Sternberg,1986），一個成功表現的重要角色。

由上可知，在隱性知識與成功主管的研究上至少可獲得下述訊息：

（一）了解主管的隱性知識領域。

（二）驗證成功的主管和其所使用隱性知識的種類與數量的關係以及成功的主管是否比他們的典型同僚有更多隱性知識？

（三）主管如何應用不同的隱性知識？

隱性知識是實踐的。主管隱性知識研究的首要實務運用在於主管的訓練與發展，這些研究將使用於傳遞儲備行政人員的實務工作。隱性知識的

重要領域將被用於正式訓練上，隱性知識類型與項目的使用將有助於提供隱性知識發展與傳遞的管道。研究建議將隱性知識發展與傳遞注入課程中，Patel et al,（1999）表示正式的顯性知識教學是隱性知識發展所必須的。然而隱性知識的發展並不是正式顯性知識的替代物，而是知識的夥伴，是一種「心靈的行動」。

四、知識領導

　　知識領導是一個概念、策略與領導理念，需要組織內成員皆支持知識管理的運作，其主要強調促進知識管理與支援知識發展，有關知識領導國內外文獻亦多有著墨，分別列述如下：

　　就國內而言：吳清山與林天祐（2004）認為知識領導係指組織領導者能夠提供適切的環境、文化和組織結構，以利於知識的建立、分享和創造；徐昌男（2007）指出知識領導意指組織領導人，運用個人影響力來支持知識發展的過程，並與知識管理的革新計畫進行統整，以達到組織願景中的未來目標；林新發、黃秋鑾（2008）認為知識領導為領導者因應組織內外環境變革，發揮領導影響力，扮演專家典範角色，並提供適切信賴支持環境、文化和組織結構，以利知識建構、分享、發展和創造力的過程與行為，以達成組織創造力與永續發展之目標。

　　在國外方面，Cavaleri 等人（2005）亦指出知識領導者必須發展自己及他人的優勢，使組織能夠持續學習、發展並應用知識。知識領導擴大知識管理，統整知識領導者將知識管理與知識發展（knowledge development），同時將知識交織在整個組織的運作、管理系統和基礎設施的網絡中；Hewllet（2006）指出知識領導是多層面的活動，需要集合多元的視野與能力，以利管理與領導組織，尤其在嶄新的全球化經濟環境，知識更成為組

織成功不可或缺的要素，成功的領導者必須能管理組織中的知識；Cavaleri、Seivert 與 Lee（2005）也表示知識領導可運用個人的影響力去支援知識的發展與知識管理，並有效將學習經驗轉化為實用知識，以成為組織革新的操作系統與基礎發展，追求未來願景。

（一）知識領導的要素

茲將知識領導所應含括之要素說明如下：

黃秋鑾（2009）指出知識領導包涵五大要點：（一）以知識作為達成組織願景的策略、（二）提供適切的環境、文化和組織結構、（三）強調組織和個人的選擇、吸收、運用、萃取、創造、傳播組織中的外顯與內隱知識、（四）強調方向、目標的引導和創造力知識的效能、（五）是一種知識的建構、分享、發展和創造的過程和行為。

吳春助（2009）的研究則歸納整理出八大內涵：（一）發揮領導影響力、（二）形塑知識型文化、（三）促進組織學習與創造力、（四）營造知識型組織環境。（五）建置資訊基礎設施、（六）處理知識及其應用、（七）發展知識行動策略。（八）測量與評估成效。

張文權、范熾文、張臺隆（2008）的研究指出知識領導的內涵共可分為四個層面：（一）專業領導典範、（二）資訊學習平台、（三）合作創造力文化、（四）系統評估回饋。

李正（2010）則根據相關文獻，歸納出知識領導的內涵為：（一）發揮領導影響力、（二）形塑知識型文化與環境、（三）激勵成員學習、創造力與分享、（四）建置資訊設備平台、（五）領導者需具備專業知識並有效整合知識管理與發展、（六）爭取並善用知識相關資源、（七）確保知識的持續發展。

吳清山等人（2006）的研究，知識領導的主要內涵包括發揮領導影響力、形塑知識型文化、促進組織學習與創造力、營造知識型組織環境、建

置資訊基礎設施、處理知識及其應用、發展知識行動策略以及測量與評估成效等八項。

　　Amidon 與 Macnamara（n.d.）指出知識領導應考量七個層面（7C），包含背景（context）、能力（competence）、社群（communities）、文化（culture）、對談與共通語言（ conversations and common language ）、溝通（communications）與教育訓練（coaching）等七項。

　　Viitala（2004）經實證研究後，將知識領導分為下列四個層面：（一）學習導向、（二）創造支持學習之氣氛、（三）支持個人與團隊層級的學習過程、（四）典範角色。

（二）知識領導的角色

　　知識領導角色有以下論述：

　　徐昌男（2007）提出知識領導的角色類型與其擔負之任務為：（一）「知識服務者」：提供成員管理知識的資源與協助；（二）「知識分析者」：從事知識的蒐集、分類與組織；（三）「知識整合者」：執行單位及人員知識管理工作的協調與統整；（四）「知識轉化者」：轉化外顯知識並應用於行政與教學工作；（五）「知識分享者」：願意分享自身的內隱與外顯知識，並促進成員的對話與分享；（六）「知識激勵者」：激發成員專業知識的學習與發展；（七）「知識創新者」：從事知識的研發，並促進學校創新經營。

　　Capshaw 與 Koulopoulos（1999）之研究，認為知識領導中，應有不同的角色，也因角色的不同定位，而有不同的任務所在。這其中包括：「知識工程師（knowledge engineer）」、「知識分析家（knowledge analyst）」、「知識管理者（knowledge manager）」、「知識長（chief knowledge officer）」，以及「知識服務者（knowledge steward）」等五種角色。

　　Hewlett （2006）、Holsapple 與 Singh（2001）認為知識領導者應該營造知識分享文化、激勵成員學習，整合組織內部各項工作、協調統整知識

管理工作，以達成組織的創新與進步，並使知識領導效能得以充分展現的「知識整合者」角色。

Cavaleri、Seivert 與 Lee（2005）認為知識領導者必須是個實用主義者（pragmatists），其包括三部分：（一）發展對於員工知識發展的傳遞、實施改進以及解決問題等願景；（二）規劃知識管理與知識發展中知識的傳遞、創造、分享等過程和系統；（三）提供組織領導者知識來源，藉以改善自身領導過程。

林新發等人（2008）指出知識領導包含五個要點：（一）領導者應具備專業知識與能力；（二）以知識產生影響力、（三）領導者應指引組織知識發展方向、（四）運用各種有效管理策略、（五）整合適當的人力、資源與設備，建置優質的文化與環境。

（三）知識領導的 IPO 模式

張文權、范熾文與張臺隆（2008）指出知識領導旨在整合知識管理與支援知識發展，建立組織競爭優勢，並以系統性「輸入－過程－輸出」觀點，提出其內涵包含「輸入：專業領導與典範角色」；「過程：學習文化與資訊平臺」；「輸出：知識創造力與評估回饋」；最後再輔以「後設評鑑」，針對評估回饋機制進行檢討修正，其要素如下：

1. 專業領導

知識領導的第一個內涵即是確立專業領導作為。專業化的時代已成為全球趨勢，面對組織知識的管理與發展，絕對需要運用專業性的領導方式。在進行知識的管理、傳遞、分享與創造力的過程中，與許多軟硬體的元素息息相關，此時專業的領導者則以系統性觀點，透過影響力的發揮與形塑願景的方式，促進知識管理的運作與組織知識的發展。

2. 典範角色

　　領導結合專業的發揮，並以系統性觀點進行知識管理的同時，如何發揮足夠的影響力，化無形文化為有形力量，激發成員發自內心一同學習，開展共同的潛能，將是重要的課題。做為知識領導者，願意以身作則，秉持終身學習理念，不斷進修成長，並鼓勵知識成長社群，建構專業對話平臺，扮演追求知識學習與宣導知識管理的典範角色，是知識領導的關鍵要素。

3. 學習文化

　　組織文化對於組織發展相當重要，當領導者結合專業知能，並透過良好的典範角色發揮影響力後，將可形塑出正向與開放的學習文化。知識管理強調知識的學習、創造與分享，將組織的顯性與隱性知識互動交流，激勵個人與組織的知識不斷更新，學習導向的文化就是促動交流的主因，換言之，營造學習、開放、信任與知識分享的組織文化，是知識管理的重要基礎，更是知識領導不可或缺的要素。

4. 資訊平臺

　　知識管理的過程中，非常重視資訊科技的應用與管理，資訊科技屬於知識管理的必要條件，但非充份條件，因此組織如欲進行知識管理，每一環節都需要建立在資訊科技的平臺上，成員方能大規模的知識分享。由此可知，知識領導除了營造學習與分享導向的文化之外，建構資訊科技的平臺也是促動知識領導的要素之一。而資訊平臺的建立，牽涉工具的開發、資料庫的更新、成員的需求與操作的便利性等，完善的建構將得以方便成員利用資訊科技進行知識的生產、分享與創造（吳清山等人，2006）。

5. 知識創造力

　　創造力已成為知識社會的核心競爭力，學校創造力經營更成為學校永

續發展的核心關鍵（顏秀如，2006）。創造力概念的興起，呼應知識社會追求革新與卓越的需求，將知識管理的概念從傳統的科學管理，再進一步轉化與創造，有效凝聚組織內部的智慧資本，整合成無可替代的競爭優勢。知識領導發揮領導的專業知能，運用資訊平臺並營造學習文化，以自身扮演知識創造力者的典範角色，致力學校創造力經營，主要目的即在於追求知識的創造力，建立學校競爭優勢。

6. 評估回饋

　　建立評估回饋的機制是確保方案模式不斷進步的重要機制。知識領導藉由組織評估與成員回饋的過程中，可以了解組織內外知識管理與知識發展的流程，同時更可以做為成員在知識管理績效的獎懲依據。就組織面而言，評估可以了解內外部知識的現況，並適時過濾與更新，同時也可了解不同需求，提供即時的回應。而就成員面而言，結合獎懲與評鑑制度，就客觀合理的制度所產生之結果給予適度回饋，可做為未來改進的參考。而後設評鑑的進行，也不可忽視，定期、定時對評估回饋機制加以檢討改進，才能因應不同情境。

第六章　智慧與領導

　　在心理學上由 Binet（1916）引入「智能（intelligence）」的概念以及一組認知技能和能力的測試，從此開始了數十年的心理學研究，以及測試工具的開發（Fancher, 1985）。而在心理學的調查研究中，智慧是常被研究的主題之一。其原因除了智慧是人類未來文化革新的重要工具，它也是認知、情感與動機協作過程的例證。在心理學領域，過去數十年來，透過嚴謹的實證研究，有關智慧的研究逐步在成長，自 1970 以來先後建立了智慧的五個重要領域：鋪陳智慧的定義、智慧的概念化與測量、理解智慧的發展、智慧特性的調查、運用智慧的心理學知識於生活中（Staudinger & Gluck,2011）。

　　在整合其他神經病學家和心理學家的類似方法時（Rosengren 等人 1993; Gardner, 1993; Lewis 等人,2000），Goleman 發現獲取自己和他人感受的能力兩者都至關重要，情緒智能讓認知智能變得有效 並在專業環境和工作環境中實現高效能；心靈智能（Spiritual Intelligence）是領導者的智慧，雖然價值觀和意義逐漸成為管理理論和教育的議題（Paine, 2003; Covey, 1989），Zohar 與 Marshall（2001）引入了心靈智能（SQ）的概念，此概念奠基於神經學，心理學和人類學研究（Frankl, 1984; Singer & Gray, 1995; Chalmers, 1996, 2004; Llinas, 1998）是人類智能的第一個綜合模型，融合了人類對價值和意義的追求。

　　而智慧亦被描述為具有相輔相成多種結構的複雜現象（Webster, 2007）。Ardelt（2004）認為實施智慧的方法上雖有所不同，但大多數包括

認知，反思和情感因素。智慧概念在文獻中越來越受到關注並試圖加以定義、操作和測量這種複雜多維的結構（Webster,2007; Sternberg,2007）；從顯性和隱性的角度探討的智慧概念，已經從工作的概念到實證研究的發展（Ardelt, 2004）；程序性知識和生活的脈絡（Baltes & Staudinger, 2000）；關注心智和意識（Pascual-Leone, 2000），發現更深層意義的能力（Sternberg, 2005）；經過實證研究探索道德推理的結構（Pasupathi & Staudinger, 2001）；生活經驗分析（Bluck & Glück, 2004）；整合和體現（Yang, 2008b）；年齡和表現（Mickler & Staudinger, 2008）；自我超越（Le, 2008）；規模發展（Greene & Brown, 2009）；與智慧相關的表現（Glück & Baltes, 2006）；以及年齡和文化（Takashashi & Overton,2002），儘管文獻中的智慧焦點越來越多，但其起源、定義和發展缺乏共識。

我們在複雜和不確定的世界中面臨的問題是「險惡的」而不是「理性/分析」。在過去的研究中，將智慧理論與領導作連結的研究還不普遍，Achenbaum 與 Orwell（1991）將智慧理論與工作結合進行研究，經由整合智慧模式的九項特質運用到工作內容，但未將智慧理論運用到領導者的角色；Barry 與 Elovitz（1992）運用心理傳記來評鑑 Clinton、Perot 與 Bush 三人的領導，作者發現智慧是重要的領導技術，然後是同情心與信心，智慧的有效運用能做出明智的決策。Willier 與 Miller（2006）認為智慧領導是全球化趨勢下的新型領導型態，其必要性存在以下因素：（一）經濟的全球化、（二）知識經濟的革新、（三）科技革新的加速、（四）全球與地方競爭的嚴酷、（五）處於連續與不連續的時代、（六）來自 21 世紀的生活壓力、（七）全球性的貧富差距。

一、智慧領導的能力

　　野中郁次郎（Ikujiro Nonaka）與竹內弘高（Hirotaka Takeuchi）（2011）談到在不連續性成為唯一常態的年代，智慧領導的能力幾乎已經消失。世上所有的知識，都未能防範全球金融體系的崩解，也無法阻止雷曼兄弟（Lehman Brother）與華盛頓相互銀行（Washington Mutual）的倒閉。二人接續提出以務實的智慧來領導並不容易。具有實踐智慧的領導人，必須在不斷變化中做出判斷，並採取行動。而且，他們在這麼做的同時，必須採取更高遠的觀點，也就是考量怎麼做才會對社會有益，儘管這種高遠的觀點，是源於他們個人的價值觀與原則，他們認為實踐智慧領導人應具備六大關鍵能力：

（一）能力 1：判斷好壞

　　有實踐智慧的領導人，無論在什麼狀況下，都能辨別什麼才是好的，而且以此為行動準則。不過別誤會，為股東追求最大的財富，也可能是好事，賺取利潤也一樣。然而，這些領導人把視野放得更高：相信自己的行動應該有道德目的，這種想法，與馬克斯・韋伯（Max Weber）把基督新教連結到資本主義的想法類似。

　　有四種方式，可以培養判斷好壞的能力。其一是經驗，尤其是面對逆境與失敗而獲得的經驗；二是把由生活經驗所得到的各項原則寫下來，與他人分享；第三種方式，是全力追求卓越；最後，浸淫人文學科（liberal arts），如哲學、歷史、文學、藝術，也有助於培養判斷力。

（二）能力 2：掌握事物的本質

進行判斷前，睿智的領導人能迅速察覺狀況背後的因素，設想未來或成果的願景，並規畫應採取什麼行動來實現願景。務實的智慧有助於他們看到事物的本質和精髓，並直觀地揣摩人、事、物的性質與意義。

領導人要透過個別事件和細節，掌握普遍的真理。由細節擴展到全局，要靠主觀直觀與客觀知識之間持續的互動，是學習同時見樹又見林，建構並測試假設。

（三）能力 3：創造分享架構

睿智的領導人不斷製造機會，讓高階主管與員工彼此學習。參與者分享資訊、建立短期關係、嘗試創造新意義。有共同使命感的參與者得以密切互動。每位成員都看出自己與他人的關係，設法由自己主觀的角度來了解對方的看法與價值觀。

（四）能力 4：溝通事物的本質

睿智領導人必須要能夠以人人都懂的方式溝通。狀況的本質往往難以表達，所以他們必須用故事、譬喻和其他比喻式的語言。這麼一來，不同背景和經驗的人都能直觀地吸收。比喻是透過對另一件事的想像，增進對這件事的認識。

透過故事，每個贊成或反對的人都可以根據那些經驗來了解自己。故事也能釐清過去的發展脈絡（「怎麼會變成如此？」），並溝通未來的展望（「未來會變成怎樣？」）。睿智的領導人會盡可能與人交談，也會展現對溝通的高度投入。

（五）能力 5：運用政治力

　　掌握並溝通事物的本質還不夠，睿智的領導人必須聚集人員，並激勵他們行動，結合彙整每個人的知識與力量，讓大家同心追求目標。為了動員人力，領導人必須配合情況所需，動用所有的方法，包括馬基維利式的權謀。要創造新而好的東西，精明狡獪與固執往往不可或缺。

　　睿智領導人會由日常語言或非語言溝通中蒐集線索，理解他人的觀點與情緒，據以進行政治判斷。他們會仔細地考量時機，決定什時候該採取行動或討論議題。

（六）能力 6：培養他人的實踐智慧

　　實踐智慧絕不只是公司執行長，或是最高管理團隊的專利，必須盡量散播到整個組織，而且所有層級的員工都可以接受訓練，學習如何應用。Sternberg 與 O'Hara（2000）在有關實踐智慧的研究發現：（一）實踐智能可經由隱性知識的測試來加以測量，從實際工作情境所遭遇問題的反應來加以評量；（二）實踐智能是可以修正，個人透過經驗來學習，特別是那些個人與他人錯誤的經驗；（三）實踐智能的不同面向有相關存在；（四）實踐智能、傳統智能與學術性向之相關較低；（五）實踐智能與性格評量相關較低；（六）學術與實踐智能能預測成功的領導與管理；（七）作為成功領導者所需要的隱性知識與作為成功管理者所需的隱性知識可能重疊，但不完全相同。

　　培養分佈式領導力，是睿智領導人最重大的責任之一，培養分散式實踐智慧，能讓組織面對任何情況，都靈活地隨機應變。其中一種結構性做法，就是運用橄欖球運動的「並列爭球」（scrum，美式足球則稱為 huddle），以保持靈活。

二、智慧領導的課題

　　AM Azure Consulting Ltd （2008） 智慧領導存在著以下課題：（一）想好了再說；（二）不要開企業的玩笑；（三）智力無法取代精細複雜的企業思維；（四）不要怪事件；做好風險管理方能永續發展；（五）在「能力範圍」內做決策。AM Azure Consulting Ltd 更進一步指出從反思、認知到情緒的智慧領導七根支柱（如圖 7），各支柱說明如表 3。

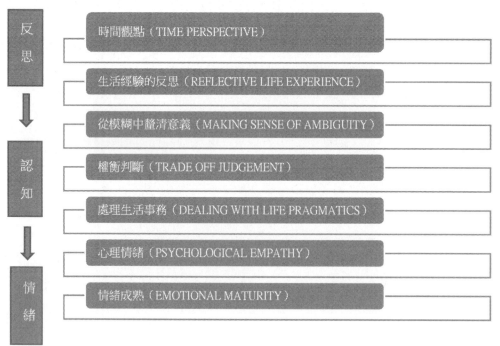

圖 7　從反思、認知到情緒的知慧領導七根支柱

表 3　知慧領導七根支柱

類別	特性
時間觀點	時間管理是重要的資產；從過去、現在和未來的角度看問題和決策，以確定什麼是根本不變的，甚麼正呈現動態的轉變。
生活經驗的反思	審視領導失敗和成功案例來確認學習課程；花時間對組織面臨的問題進行洞察與前瞻是至關重要的。
從模糊中釐清意義	接受決策過程的不確定性和複雜性；利用強有力的原則來理解混亂和矛盾的信息，並創建一個連續故事來解釋事件。
權衡判斷	平衡確定和疑問，以獲得根本的結論；客觀掌控雙方問題，並權衡不同方案的成本與機會。
處理生活事務	承認組織衝突、競爭和政治的基本原則；了解真實生活中理解、妥協與合作的重要性。
心理情緒	識別個體差異的洞察力，以及社會和文化多樣性對理解和寬容的影響；對他人的同理心以及公開討論。
情緒成熟	平衡和紮根的生活觀，自我保證與謙卑的結合；做好情緒管理並保持精力和熱情。

　　上述智慧領導融合了反思，認知和情緒的因素，以及融合智慧的發展中的重要性的思想和品格。此模式認為智慧不是一個單一的結構，而是七個組成部分的互動，所有元素都是必需的。智慧提供優勢但無法補償劣勢，它對於領導智慧提供了一個強而有力的診斷框架，用來描述以及確定智慧發展的潛在優勢，並強調智慧應用的風險限制。

三、領導的行動智慧

林志成（2004a，2004b）從行動智慧的角度來看，領導者卓越領導的行動智慧主要包括下列三項重點面向：

（一）精熟多元且具系統性的領導知識智能，以奠定領導者卓越領導行動智慧的基礎。第一，領導者必須具備多元的知識基礎，才能發揮領導的影響力，有效引導各項教育改革工作。多元知識主要包括下列三大類知識：1.有關推展各項工作的各種描述性內容知識、部門業務知識、理論知識；2.有關推展各項工作的各種技術性知識、歷程性知識與方法性知識；3.有關社會文化等脈絡性、情境性的行動知識。第二，領導者應精熟多元且具系統性的領導知識智能，以奠定領導者卓越領導行動智慧的基礎。第三，當領導者決策或處理問題時，應充分收集各種資料與資訊，透過資訊管理與知識管理，經由智能與智慧分享，而能從事有知識、有智能與有智慧的領導作為。

（二）強調深刻瞭解本土社會情境的各種脈絡性知識與文化性知識，能在情境脈絡下，展現有效而圓融地解決問題的情境智慧。領導者卓越領導之行動智慧是一種情境智慧，若它缺乏對情境脈絡的逼真理解，只是將理論應用在行政問題的解決上，則有化約為技術宰制偏頗而不自知的危險。情境智慧是一種強調瞭解本土社會情境的各種脈絡性知識與文化性知識，而能在情境脈絡下，有效而圓融地解決行政問題。要培養領導者卓越領導之行動智慧，領導者除應主動積極的充實領導的本質學能外，若能經由「實證的慎思、詮釋的理解與批判的省思」，經由深層的與行動當下的思考反省（reflection or thinking in action），則能以深化的知識、有效的行動，有效減少領導實務與理論落差。其次，領導者若能深刻瞭解有關人情、面子、

關係、關說、陰陽權變、組織文化、可以做但不能明說之行政信念等本土化社會情境的各種脈絡性知識與文化性知識，則在社會文化因素的影響下，領導者必能堅持專業理念，以謙恭包容的態度，有效的施展領導作為，提昇辦學績效。

（三）強調專業主體性的覺知及專業自我建構的願諾與知能，經由對話性、解放性的實踐行動，而能使領導者自我批判省思、終身學習，不斷成長蛻化，建構專業自我，並實踐倫理性的領導行動。第一，領導者應強調專業主體性的覺知，培養專業對話的知能與素養，俾領導行政夥伴能在變動不羈的情境脈絡下，善用多元的行政知識，並且能以符合專業倫理的作為，解決行政問題。第二，領導者若具有領導之行動智慧，則能對物理情境、社會情境、心理情境等各種情境資料與資訊具有統觀的、全盤的與系統的理解；他（她）不但能瞭解行政的主要難題，也能通曉中國人的行政性格作為及傳統政治社會文化因素的影響，而能以逼真的理解，經由對話性、解放性的實踐行動，去處理行政問題，而使行政行動的結果能符合倫理性、圓融性與教育性的規準。第三，領導者應自我批判省思、終身學習，不斷成長蛻化，建構專業自我，並實踐倫理性的領導行動。第四，「知↔行↔思」辯證發展的領導行動智慧不但合乎情、理、法，也能合乎行政倫理、專業倫理、道德倫理，而達到人際圓融、過程圓熟、結果圓滿的境界。

第七章　智慧文化

　　智慧（為現代學術用語）源於舊英語單詞 wis（確定性）和 dóm（法規，判斷，管轄權），廣義的智慧是指「在與生活和行為有關的事務中做正確判斷的能力；在選擇手段和目的方面能透過傾聽來做出判斷；在實踐場域中，有時不那麼嚴格，憑藉一種感覺。智慧這個概念得到認可，應自 Sumerians 時代，估計起源於西元前 2500 年左右。在現代有關智慧的研究自 20 世紀 70 年代逐漸成為研究焦點，其研究重點的一部分是探索智慧的重要性及其在當今的相關性，特別是關於它如何是跨文化測量的（Mitchell, Knight & Pachana, 2017）。

　　時至今日，典型智者的相關性尚無法清楚釐清（Mitchell, Knight & Pachana, 2017）。通過網際網路，可以減少對智者的社會需求，而相對應於智慧，此概念則可能來自於外部資源，例如時下的 Google, Wikipedia 與 the Mayoclinic.org；抑者，有研究認為智慧的來源是內在的，汲取生活經驗，以及過去和現在的應對方法等等，以協助管理當前的問題，並在面對具有挑戰性的決策時創造和建立適應力（Mitchell, Knight & Pachana, 2017）。在這個框架內，智慧可能是個人內部（而不是外部來源）發展的東西，因此可以改變。

　　系統（或整體架構）不僅僅只是需要我們去創造知識和理解計畫，還需要我們去改變世界，創造更美好未來，而超越單維（one dimension）思考模式是重要關鍵（Jakonen & Mppinen, 2015）。有關智慧的研究，傳統上以西方文化為研究對象，智慧的理念是否為普遍人類發展的端點、智慧

的要素等相關觀念是否存在著不同文化與宗教間的差異性？是值得探究的重要議題。Dahlsgaard et al（2005）曾就東西方哲學與宗教相關論著分析發現，智慧是六個核心美德的重要因素之一，其餘分別是勇氣、正義、人性，節制和超越。

一、智慧因文化而有不同的詮釋

儘管智慧是人類發展的端點獲得大部分的認同，但人們往往會將智慧與文化中的價值與理想做結合，因此隨著文化的差異與歷史的變遷，智慧可能呈現出多元的意義。Rappersberger（2007）提到，大多數的 Buddhists 相信高層次的智慧可透過意識的努力來達成，但大部分的 Christians 則不認同。由上述論述可知，即使在相同時間，智慧概念的核心要素可能各自獨立於不同文化脈絡中，如在典型智慧的觀點中，力求情緒與個人或自我中心價值的平衡的觀點，將其置身於不同文化中可能無法達成。Orwoll 與 Perlmutter（1990）曾就東西方有關智慧的哲學加以分析發現，自我超越是以他人或世界為論述的觀點，而非自我提升的偏見（Levenson et al,2005），而此種智慧特質已普遍獲得確認（Curnow,1999）。

大部分的研究都藉由東西方文化的不同，來比較人們對於智慧概念認知的差異性（Takahashi & Bordia 2000; Takahashi & Overton 2002; Yang 2001）。Takahashi 與 Bordia（2000）指出美國與澳洲的年輕族群認為智慧類似於「經驗」與「知識」，但印度與日本則認為智慧是「慎重」、「年齡」與「經驗」；Takahashi 與 Overton（2005）在檢視智慧於不同文化的差異性文獻發現，西方文化強調知識、認知的複雜性及兩者的整合，而東方文化則聚焦於認知的統整與情感，但相對的，Gluck 與 Bluck（2010 則認為，若未深入參與族群內的生活，則似乎不需過度強調文化群體之間的差異性。

由此可見，雖然智慧在東西方文化有著不同的詮釋內涵，但若能深入不同文化脈絡的群體生活，相信更能釐清智慧在東西方文化存在的真實性意義。

二、智慧文化的意義

智慧文化是一種靈性的核心意義，它融入了心智層面，並經由網路實體的連結來概念化世界的意義，超越世界是平的單維思考。靈性思維是系統思考的一環，充滿同情、愛與憐憫，融入靈性思考的系統思考，有助於創造出更美好的未來。Slaughter（2012）在他的著作「To See With Fresh Eyes：Integral Futures and Global Emergency」中介紹了未來學者和商業教練應該努力於「智慧文化」概念。智慧文化充滿了靈性，暗示著它的承載者應該將世界看作一個整體的系統，單維的扁平思考已經被超越，智慧文化儼然成為新的產物，雖然它的出現是新穎的，但不容易識別。Slaughter 接續談到，理性不是精神和文化進化的終點，而是一個應該被超越和融入的階段，靈性和建立在其上的智慧文化是一種認識論的復甦，一種看待事物的新方式。我們與世界關係的深度和意義，有賴於科技，但絕大部分仍仰賴於「逐漸完善的自我認知」-意即通過每個人的能力和感知......以及相應新的文明生活。」靈性可能被視為一種架構，旨在促進與強化自願與共識，讓組織有如家庭的感覺一般。在此概念下組織與個人（包括領導者）將轉型為實踐靈性（practical spirituality），將大部分的時間運用在工作、企業和組織，超越過去著重於個人每天的工作與活動。因此，實踐靈性將置於企業組織的內部結構並採取適當行動，迎合未來世界的企業走向。

三、智慧文化的建構

鑒於上述智慧文化的甦醒，如何去建構智慧文化與 Slaughter 的遠見，Jakonen 與 kaMPPinen（2015）提出三個論點並認為可經由教練（coaching）來培養領導力，說明如下：

（一）領導者應鼓勵創建智慧文化

（二）經由非智慧企業文化缺失的理解來建構智慧文化

（三）創造智慧文化取決於領導者超越並融入當前存在的、更有系統的觀察、思考和行動。

Slaughter（2004）認為人類的未來不能基於工業時代的假設、模式與價值觀，未來的工作應超越現況，應有不一樣的思維模式，因此他提出智慧文化的概念，作為在知識和實踐中實現「有價值的未來生活」的概念。Slaughter 接續提出以下觀點加以說明：首先，對於領導的主題採取明確個人角度，他將企業領導加以轉化成：（一）人類意識的成長、期望和未來創造的結構和過程，不僅僅在文化層面，還包含心理學領域；（二）領導者出現一關鍵課題，亦即當前與未來領導者存在的方式，其目的在於批判（預視眼前的侷限性）與重塑（預視信念和所需的能力）；（三）這些課題須經由一系列的教練與對話，透過完整的教練方法與過程架構來加以反思。

透過智慧文化的發展來創建社會的願景，意即將昨天的解決策略運用到明天的問題和挑戰，「反應（responsive）」是二十一世紀領導者的主要責任，Kofman（2006）提出反應能力是對情境作出反應的能力；Scharmer（2009）認為，我們可以從漸進的更深層次處理（改變）情境，首先是經由反映來重塑行動，以全新的視野來預視未來的環境脈絡，領導者必須重整與建構未來。

象限是可以評估任何情況的四個基本觀點（Wilber,2000a）。Divine
（2009）試圖從個人、集體、內部和外部維度中的學習和發展情況來評估
和分析任何企業及生活（如圖8）。

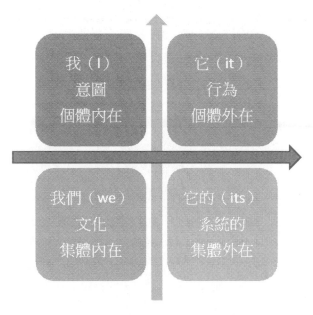

圖 8　情境分析的四個觀點

　　四個維度的洞察會影響領導者的評量與結果，精通於操作外部層面的
領導者，會採取整全性的思維，而較忽略兩個內部的視角，這不是有智慧
的企業文化，僅僅強調內部意義、結果、程序或集體價值觀往往會使文化
過於傾向於一個方向，忽略或淡化一個或多個象限，組織將忽略產品或服
務必須存在的環境，而影響組織的生存（Wilber, 2000b）；Slaughter（1998）
也談到，未來不是從四個象限中的一個或兩個出現的，而是來自所有這些
象徵，而忽略四個象限所凸顯特質的程度，是組織的第二個陷阱，Slaughter
（2004）、Laloux（2014）皆提及，經由下一階段的人類意識來激勵與創新

組織，當組織僅致力於某一象限之特質，而未能理解未來可能出現的現象，便可能落入組織的第二個陷阱。

根據 Laloux（2014）的見解，到目前為止，人類在組織環境中經歷了四種主要的合作方式，每一個方式都奠基於不同的世界觀，每個組織模型都帶來了重大突破，使組織能夠解決更複雜的問題並取得新的成果。圖 9 簡化了組織模式或層次，是一種關鍵突破和隱喻的引導。

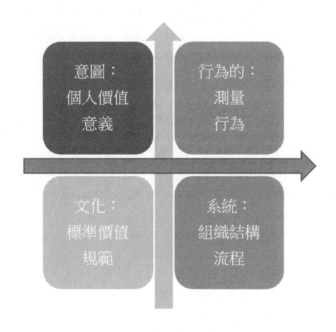

圖 9　組織的四個象限

Laloux 認為每個象限都有其特殊的優點和缺點，在管理和領導組織時，兼具每一個象限所能做出的貢獻，這需要分工、流程、創新和授權。此外，將組織視為完整的社會，不同類型的價值觀會為組織做出不同的貢獻，了解不同象限的貢獻與侷限便能兼具組織發展的完整性。另外，Kegan（2009）提及個人內部的心理陷阱，可能阻礙組織的生存和進步，甚至可能較上述

兩個非智慧的企業文化有過之而無不及，成為組織的第三個陷阱-成長的阻礙，為超越此成長的阻礙，必須經由整合的教練系統來創造組織的智慧文化。

　　組織領導者的主要責任是在創造組織的智慧文化，而要創造組織的智慧文化，有賴於領導者的創新思維能否融入並超越現狀，建構更廣泛以及更有系統的觀察、思考與行動模式，而在組織成長與革新的過程中，可能存在著反對變革的抗力，因此實踐者的發展是實現組織未來整體利益的主要因素。由上述觀點可知，工具、策略與最佳的實踐並非是創建組織智慧文化的首要因素，領導者的發展才是重要的關鍵。

四、智慧文化的整合教練模式

　　Bachkirova 等人（2010）、Stokes 與 Jolly（2010）認為教練（coach）是人類發展過程，涉及結構化、有目的的互動，以促進理想和永續的變革，並使利益關係者獲益，是一種個人學習和發展諮詢的形式（如績效表現，生涯發展，健康和領導等），由組織外部的專業人員提供，專注於提高個人在執行角色中的表現。整合教練（Integral Coaching）是一種教練的形式，是奠基於 Ken Wilber 的整合模型和心理學家 Robert Kegan 的成人發展理論，它被用作人員執行和非執行角色的教導架構，由 Joanne Hunt 與 Laura Divine 於 1998 年創立，被視為是整合理論的最先進的專業運用（EsbjörnHargens, 2009）。整合教練模型是聚焦於教練顧客的一門學科，Frost （2009）談到，整合教練旨在：（一）更加了解他們處理當前情境的方法；（二）看到新的可能性；（三）建立永續的新能力，以取得深層且有意義的成果。首先，當前的情境方法係指整體輔導中的當前存在方式（the Current Way of Being,CWOB）；其次在教練過程中，顧客經由理解進而挑戰

當前情況，例如工作關係、工作/家庭平衡的情況、時間管理議題等，都可列為教練主題。但值得注意的是-當顧客在教練主題的情況下知覺到 CWOB 時，亦可了解到這個主題也出現在許多不同的情況中；第三、新的可能的觀察和建構得到了所謂的新生存方式（New Way of Being, NWOB），是一種徵候，但逐漸地越來越能體現與教練主題相關的不同思維和行為方式。在大多數教練學校中再定義教練模式，有流程但缺乏方法，無法建立連貫的綜合系統，運用在研究的發展模型上（Hunt, 2009a）。整合教練課程的系統結構概述如圖 10：

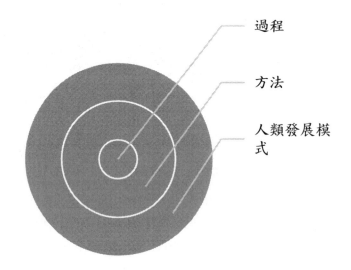

過程

方法

人類發展模式

圖 10　整合教練模式巢狀系統

　　基本要素是 Kegan 主客體理論（subject-object theory）的人類發展模型的重點（Kegan,1982）。這個整合理論超越坐而言（mantra）的困境，從當下的主觀情境成為下一主題的客觀情境，此即 Kegan 所謂心理的成長（Wilber,1996），說明如下：

　　（一）意識中出現了高層次的結構（借助於象徵形式）。

（二）自我識別出具有更高結構的存在。

（三）最終出現下一個高層次結構。

（四）轉移自我認同較低層次的結構到高層次的結構。

（五）意識超越了較低層次的結構。

（六）能從更高層次的結構上操作該較低層次的結構;

（七）如此，所以先前不同層次均能融入意識中。

以下接續說明整合教練的過程與方法：

整合教練方法有四個發展階段，主要在顧客的開發階段，讓顧客逐漸意識到他們當前的情境，讓顧客看到新的可能性並建立新的能力以實現預期的結果，此四個階段如下（Hunt,2009a）：

（一）當前主觀形式：客戶尚未看到教練主題。

（二）當前客觀形式：通過提供隱喻方式（如一種符號形式）使客戶看得見教練主題，客戶可以通過該隱喻開始思考既有結構，並看到教練主題。

（三）客觀的新方式：未來的自我被看見但尚未成為主題。

（四）包含並超越主題的新形式：經由實踐新能力的特殊設計來提升並體現新的形式。當前的存在形式（Current Way of Being, CWOB）永遠不會消失，只是被視為一種客體，之後它可以被操作並擴展到更廣泛的思維和行動方式，這意味著當新的形式成立時，CWOB 將能夠整合其優勢並建立新的能力。

不同教練學校使用教練的過程，端賴他們對如何發生改變的概念。不同的學校有不同的理念：有些只參與對話，一些參與行動計劃，一些學習使客戶能夠提出新的見解，如圖 11 所示。

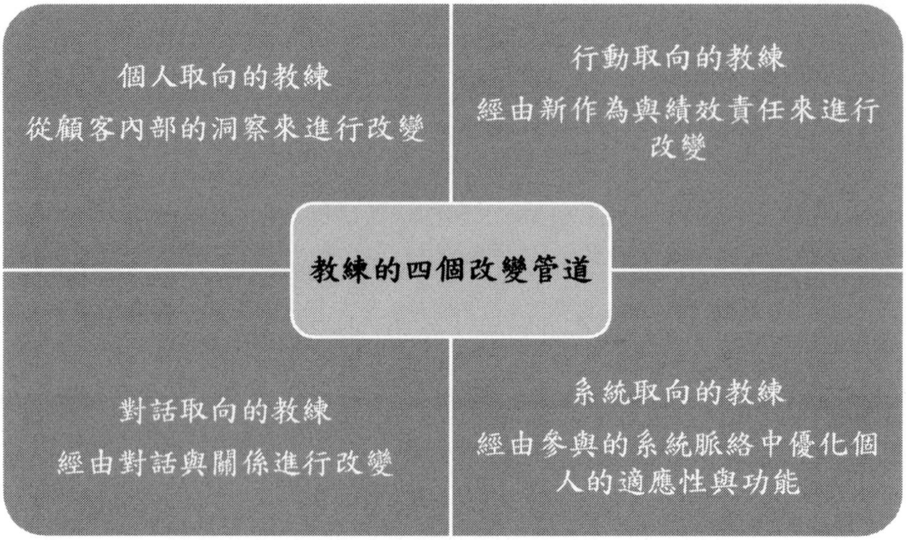

圖 11　改變的共同信念架構

　　改變的取向是整合教練的起始點，理解改變的形式和如何去運作則是重點。整合教練的過程由四個對話所組成（Hunt, 2009b），如圖 12：

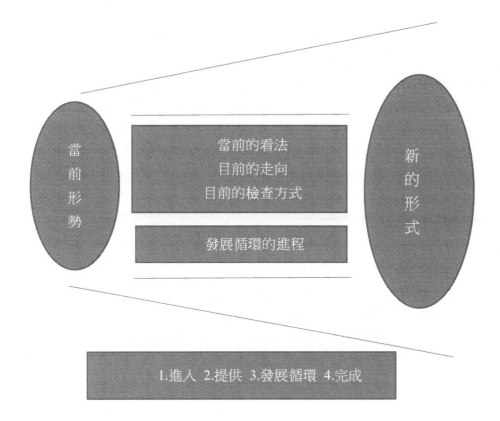

當前形勢

當前的看法
目前的走向
目前的檢查方式

發展循環的進程

新的形式

1.進入 2.提供 3.發展循環 4.完成

圖 12 整合教練對話的改變流程

（一）進入教練對話；

（二）提供教練對話；

（三）發展教練對話的週期；

（四）完成教練對話。

　　第一次對話發生在客戶提出他有興趣探索的話題時，實際上，很少只有探索的願望就能啟動教練計劃，通常是在看到與當前的系列思考和行動載具的組合有不同的結果時改變才會發生。讓顧客看到改變的主題只是開始，整合教練的最重要功能在於理解整體教練的過程，融入並超越現況。

Divine（2009a）認為要能深度理解，有兩個可行方式：（一）看著客戶：從外部看顧客，來更全面地了解客戶（顧客能力的差異）；（二）尋找客戶：嘗試了解客戶體驗的方式，並從內到外看世界/主題（感受顧客是何種類型的人？）。

在對話過程中，教練為客戶提供了一個隱喻，它以符號形式表示當前存在方式/接近主題，以及可能的新存在方式/接近主題。兩種存在方式都由三種不同的元素組成，這些元素是維持運作的必要條件：

（一）觀察方式：我們如何接近、理解和思考該主題；

（二）走向：我們如何對這一主題採取行動，以及我們如何改變（或試圖改變）我們看到的事物；

（三）檢查方式：我們如何去檢視成功/進度？以及我們如何知道正走在正確的道路上？

提供隱喻給顧客，主要在讓顧客了解 CWOB 得到尊重以及它阻止了什麼？此與即將施行的教練主題有關，教練也會對顧客有深刻的理解。主要的重點應列入書面教練計畫，並於對話過程中讓顧客知曉，接續發展對話循環，顧客在實際參與對話會議中強化新的觀點（Hunt,2009b）。發展對話循環協助顧客有三種方式：（一）更清楚的看到 CWOB；（二）將 CWOB 視為對象；（三）將新的實踐與反思轉化為教練主題。最後的對話是完成教練對話，教練和客戶反思過去的發展歷程，評估客戶感受到新的存在方式和成為教練主題的強烈程度，以及可能存在的危險、機遇和優勢。所有四種改變的取向（對話、新的洞察與反思、新的作為與實踐以及績效責任）都運用於教練的過程，如圖 11 所示；而基於人類成人發展理論的健全方法以及過程，如圖 12 所示。

創造內部智慧文化首先要開啟我們當前的存在方式（觀察，進行，檢查），並理解到它可能不是當前最有效的應對方式的方式，而必須做出適當的反應。Wilber 關於個人和社會成長的觀點是奠基於他的進化系統本體論，

特別是他對人類的看法，根據他的看法，人類在認知和情感發展方面具有巨大的潛力。因此，Slaughter 所構建的智慧文化概念不僅僅是另一種諮詢業務的時尚，而是一種在心理和社會發展中具有本體論基礎的概念。作為執行系統思考的靈性遠遠超越單維的思維，並達成新的思考方式和行為模式。社會成長和更好的經營或政治方式取決於個人的思想和行為，因此智慧文化的本體論取決於個人行為的變化，個人構成社會系統，而社會系統影響個人行為。

第八章　智慧領導發展

　　領導是一種生活取向，面對人類實現的終身成長過程。領導成為個人轉型與積極革新的推動者，相較於過去的環境，無論是社會、環境和道德等都是當前領導者必須面對的挑戰，因此我們需要的領導者不僅是把自己做好，更能實踐社會、國家甚至於世界的善事。當領導者從經歷中學習，對困難問題取得平衡觀點，造就一套應對技巧，並運用於生活事件的管理中以提高自我效能，此即為智慧（LaBouvie-Vief & Diehl,2000）。Webster（2007）認為智慧的發展是領導者對他們過去和現在生活的反思，使其能夠參與領導的形成和維護、自我理解、解決問題和適應性應對策略。野中郁次郎（Ikujiro Nonaka）與竹內弘高（Hirotaka Takeuchi）（2011）認為今日的知識創造公司，必須轉型為明日的智慧實踐公司，因此一位成功領導者就應具備以下特質：（一）哲學家：掌握問題本質，並從隨機觀察中歸納出通則；（二）工藝大師：了解當下的關鍵因素，並立即據以行動；（三）理想主義者：做自己相信對公司與社會正確而有益的事；（四）政治家：激勵人們採取行動；（五）小說家：善用比喻、故事、辭藻；（六）老師：秉持良好的價值觀與堅定的原則，他人樂於向他學習。

　　智慧發展應重視智慧的源起，因為它可能是發展模式的鏡子。Kegan（1982,1994）曾主張建構發展社會意識、秩序及其對領導發展的影響；Harris 與 Kuhnert（2008）經由領導者如何建構意義的有效性測量，將建構主義的發展方法擴展到領導。隨著領導過程的發展，經由更複雜的觀點來理解個人和人際關係的能力逐步提升，這使得領導者具備領導他人的能力

101

（Strang＆Kuhnert,2009）。在許多方面，智慧概念的探索與發展，若缺乏經驗主義的支持，即使強調智慧文獻的認知，認知發展與智慧發展之間亦無法有效銜接，因為智慧發展是多學科關注的焦點，非單一領域學門所能詮釋的。

從檢驗世界多元的生活與領導觀點是理解智慧領導的方法之一，這些觀點將會傳遞並影響領導者的智慧，更重要的是每一個參考點都有助於提供領導者主導每一天的活動、關係的建立、決策與服務，以促成組織的永續發展。Harman（1990）談到企業領袖（各級）在全球溝通、全球經濟和全球競爭的緊張時期所面臨的機遇和責任指出：跨國企業領袖是第一個真正的世界公民，他們具有全球能力和責任感，經營領域超越了國界，其產生的決定不僅影響經濟，也影響社會甚至於直接關注在貧困、環境和安全方面的世界問題。當前企業可能是最終解決宏觀問題的關鍵因素，它比政治機構更容易跨越國界，比政府的官僚結構更靈活與適應性的組織。然而，到目前為止，尚缺乏道德的引導，這種新的企業精神可能正在形成，這種新的精神是什麼？亦即智慧領導力。智慧不僅僅是我們的知識、智能、經驗和創造力思維的總和，真正的智慧應是深刻的理解，敏銳的洞察力和合理的判斷力，它源於自我意識、個人和組織價值觀以及文化寬廣的胸襟。

一、靈性領導的智慧發展

Delbecq 提出靈性領導者的實踐智慧，他認為企業的存在在於提供創造力服務與產品以滿足社會的需求，而此目的可經由靈性領導來形塑不同的方式，企業必須進行改變，試著放棄過多的零碎事件及機會主義，將組織能量置於迎接重要的挑戰。因此，組織的系統與文化必須進行轉型，關注於利害關係人的管理、正義與包容，由於對這種企業本質的深層覺知，因

而組織對於重大困境必須有極大的意願與感受去加以克服，從靈性觀點來形塑不同的社會服務組合，僕人領導儼然成為一種現實。因此，智慧領導的靈性基礎中最引人注目的特質就是企業和智慧領導的主要目的是為社會提供精神上的滿足與服務，財富的創造將不再是企業的目標，而是在提升和支持更長遠的目標，這種智慧超越了傳統企業成功與靈性領導的論爭（Willier & Miller,2006）。

Willier 與 Miller（2006）認為在過去一百年中，在企業界出現了四個不同的領導背景，每一個背景的改變都能一窺領導的本質，塑造領導者的觀點與互動，並且提供不斷發展的智慧源泉，進而提出靈性領導的四個智慧脈絡因素，如圖 13。

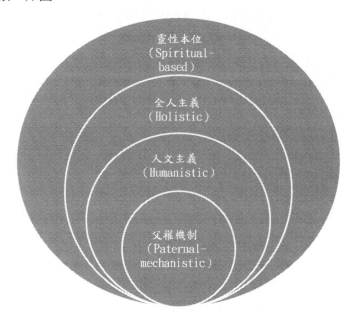

圖 13　靈性領導的智慧領導基礎

兹分別說明如下：

（一）父權機制（Paternal-mechanistic）

從這個角度來看，企業是「適者生存」，競爭是一場輸贏的遊戲。企業及其領導的目標是創造財富（特別是利潤最大化）。企業領導者採用軍事控制的指令模式來實現效率和生產力的總體目標，普通員工通常被視為大型機器中的可互換器件，可預期在明確定義的參數範圍內執行。父權機制主導著企業領導思想進入 1960 年代，即使在今天仍然在某些領域擁有主導地位，這種背景提供了「尊重」的智慧，亦即尊重前人的經驗和智慧以及有效利用資源，當然父權機制也有其不足之處，例如它貶低了人們做事的內在能力與動機，以及讓人們相信可以而且應該使用和控制生活（包括人和自然）以實現自己的（以自我為中心）目標。

（二）人文主義（Humanistic）

從這個角度來看，商業和領導的目的仍然是創造財富，但是以雙贏的心態，「開明的自我利益」取代了「自私利益」。領導者的工作即是幫助員工自我實現，成為組織的內部人員，為了自己和組織而投入他們的情感和思想，人們被視為是組織的資源，在這種背景下，「雙贏」解決問題的方法是其特色。

人文主義的企業領導力在 20 世紀 60 年代獲得動力，並在 20 世紀 80 年代成為許多大公司的常態。在這種情況下，智慧通過以下方式實現父權機制的潛力，即認識到人的本質善良和職業道德，一種為個人提供實現其潛力的機會，包括自我實現以及工作能力和願望。然而，人文主義也存在兩個侷限：（一）關注需求，當人們知覺將失去時，就會發生動機；（二）關注個人主義，其中「雙贏」解決方案是為了促進個人利益，但不一定包括整個組織以及社會和自然等其他利益相關者的利益。

（三）全人主義（Holistic）

從這個角度來看，企業和領導的目標遠遠超越「為股東創造財富」，取而代之的是「為所有利益相關者的最佳利益創造財富」-包括股東，員工，客戶，競爭對手，社區，自然，社會和未來世代。領導「控制」有賴更多的共同的目標和價值體系，而非「政策指令」，甚至「參與授權」的領導風格。這種觀點認為人們實際上是創造財富的主要資產，特別是在知識密集型的學習型組織中。

企業領導力的全人主義脈絡在 1970 年代中期，80 年代和 90 年代獲得了動力。它雖然尚未成為大公司的常態，但經由諸如「企業社會責任」等倡導，其優勢逐步增強。在這種背景下，智慧是通過以下方式實現人文世界觀的潛力-認識到人，自然和商業企業的相互聯繫，以及強調價值觀和原則的全人主義，從而和諧地創造與執行。但同樣，它有兩個侷限性：（一）即使它可能使更大的整體受益，但還是基於自我導向的成就；（二）將個人和企業目標只專注於擁有更好的「世界生活」，而不是思考去超越達成更佳的的精神生活。

（四）靈性本位（Spiritual-based）

到了 20 世紀 90 年代初，企業領導力主要是這三種情境的混合：父權機制（其在衰落中的影響）；人文主義（在其鼎盛時期）；和全人主義（正在興起）。另一種關於商業領導性質的觀點開始出現，一種基於靈性的觀點。靈性的語境將人視為自然的精神，具有生命中特定的精神目的，以及幫助實現該目的的「智慧」。 在這種背景下的領導力集中在幫助人們實現他們的生活目標，同時將其與組織的「生命目標」相結合。新興的以精神為基礎的企業領導環境提供了自己獨特的智慧：首先是關注與超越的意識關係的無私服務的動機；其次是運用技能和意識給予整體更大的受益，與永續

的發展。

二、Sidle 領導的五個智能架構

Sidle（2007）認為，雖然近年來領導發展已經逐漸受到重視，但仍然
缺乏共同理解的架構，例如何謂領導？它是如何發展而成？因此他從人類
實踐的固有潛能發展出領導的五個智能架構，如圖 14。

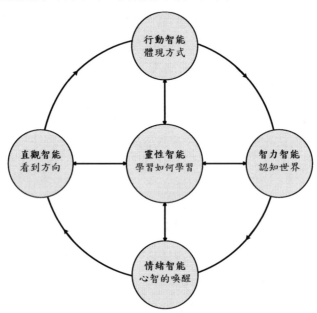

圖 14　領導的五種智能

首先是智力智能（Intellectual intelligence），擁有智力的人能搜尋、獲
得和掌控知識。領導者的影響，部分取決於他們的專業知識以及他們對自
己的專業和工作的理解。領導者的科技技能，理性思考與目標，數據驅動

的思想使他們能夠清楚看到真實性與客觀性。領導者關注領導細節，提出關鍵問題，分享他們的見解，並教導他人，為所有人提供專業知識，這是專家、教練和導師的領導者。

其次是情緒智能（Emotional intelligence），透過感覺與情緒的互動來豐富和深化智能，只在強化和支持與部屬的關係，領導者能夠認知和管理自我與他人的感覺與情緒，且具備良好的社交技巧，這是僕人領導以及人性的領導者。

第三是直觀智能（Intuitive intelligence），擁有直觀智能的人，能獲得最高的目標與願景。具有強大直觀智能的人能夠吸收智力和情感並加以辨別形成概念性的理解。領導者能看到未來發展藍圖的機會與可能性，進行創造性的思考與策略，而所建構之願景能提升願望、培養承諾、激勵他人，這是願景領導者，領導者是建築師與設計師。

第四是行動智能（Action intelligence），行動智能以任務和結果為導向，並能夠完成任務。領導者他們承擔控制權並挑戰過程，進行冒險和實驗，讓事情發生。更重要的是，他們起而行，塑造模式，言行合一，這是領導者典範。

最後是靈性智能（Spiritual intelligence），是一種意識，在學習、成長以實現我們的潛能。有效領導者了解自我，並具備不僅要學習，還要學習如何學習，學習發展的慾望；領導者採取開放的、坦率的、謙卑的，不斷努力成長和發展；領導者樂觀、自信並運用經驗，具有敏捷性並能夠適應不斷變化的情況，這是學習型的領導者。

三、領導輪智慧發展模式

Highland Consulting Group（n.d.）經由人類智慧的基礎，提出領導輪

（leadership wheel）的智慧領導模式，強調人類一生當中應獲得的智慧與理解，如圖 15。

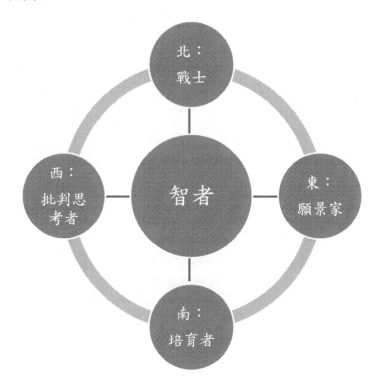

圖 15　智慧領導輪

茲將圖 15 說明如下：

東邊：願景家（visionary），包括樂觀、創新、自發、希望、精神和革新。代表創造力和願景的智慧，實現我們的人生最高目標；具有它的新奇、熱情、覺知和前瞻；了解生活目的，以及如何創建的意義；擁有創意的，自發的，並且能夠看到人類的無限潛力和廣闊心智；能夠看到大局和相互依存的整體關係。

西邊：批判思考者（critical thinker），包括保守、理性、現實、方法、

結果、穩定和沉思。意指反思和理性發展的理解和認識；能從過去的經驗中學習，並運用於未來的發展；是一種成熟、有經驗與專業的特性；是保守的，有條理的並對事實和資料感興趣，透過分析資料來思考結果；喜歡分享知識並支持他人。

南邊：培育者（nurturer），包括過程、合作、和諧、關懷、內蘊和信任。意指建立強烈的關係與社群感，是一種信任與無條件的愛；關心工作夥伴與服務的對象，支持並關心他人；信任自我價值並與他人相互信任，積極並願意為社群犧牲。

北邊：戰士（warrior），包括獨立、冒險家、不屈不撓、困苦、犧牲、勇氣、自我控制和任務行動。意指在自然的嚴苛條件下，能夠不屈不撓、獨立思考和自動自發；能了解事實的真相並根據真理採取行動，且行動具備說服力與動機，並能符合他們的目的；能掌控自己的生活，承擔風險，進而推動改革與創新。Highland Consulting Group 接續談到，所有的方向都是領導的方向；每個方向都帶來智慧；當過度使用時，每個方向都將帶來挑戰；可以使用所有方向的智慧。

四、MORE 智慧發展模式

Gluck 與 Bluck（2007）、Gluck（2010）提出 MORE 智慧發展模式，此發展模式乃透過生活經驗產生，亦即精熟（mastery）、開放（openness）、反省（reflection）、同情（empathy）/情緒（emotion）與規範（regulation）。精熟係指智者具備比他人更好的覺知能力，雖然人類生活有許多是無法控制的，但智者不會因此感到無助，因他們從先前的經驗即可處理生活中所發生的事情；開放性經驗指對於新的觀點與經驗能感到好奇與興趣；反思態度是個人智慧的重要因素，強調深層思考的動機以及對於經驗採取不同

的觀點，包括在社群中的個人角色；同情、情感與規範意喻智者的知覺、
關懷他人的情緒與感覺。

五、Kegan's 的建構主義智慧發展模式

Kegan 的社會意識秩序理論的發展模式基於以下原則：發展是終身的、
是一個與生活任務截然不同的過程、超越信息的積累、代表所知道的方式
的質變、經由需求和能力來識別以及通過人與環境之間的持續互動
（Kegan,1982）。其建構方式根據主客體關係，領導者融合或嵌入認知、情
緒、反應的經歷並引發自動行為；　而「客體」的經驗是領導者可以反思、
處理、審視、負責、相互聯繫、控制、內化、同化或以其他方式運作的經
驗（Kegan,1982,1994）。發展過程每個階段都具有內部（自我概念）和人際
關係（關係）維度，這些維度包含了早期的訂單，從而產生了與之前訂單
相比，具備更複雜和更具包容性的質量不同的體驗。通過發展秩序的進展
涉及主客體關係的變化，隨著建設性發展的演變，思維變得更加靈活、開
放、複雜，並且容忍差異。作為一種建構主義理論，探討了領導者如何構
建意義，詮釋和理解他們的經歷，或者他們如何了解認識論並被描述為心
靈的秩序（Kegan,1982,1994）。這些階段或平衡包括情感、認知和社會因素，
並影響這些元素的組織方式，其中前兩個階段（0-1）通常在兒童時期，因
此重點放在第 2 到第 5 階段。（如表 4）。

表 4　認知發展階段的情感、認知與社會面向

	階段2 手段工具	階段3 社會化	階段4 自我創發	階段5 自我轉化
情感	嵌入感情，能意識他人感情，但缺乏同理心	能覺知自我感情，反映情緒的能力有限，隱蔽感情	將感受視為物件，將其視為複雜系統中的信息，可以識別情感和情感衝突	容忍情感衝突和情感多元化
認知	嵌入世界觀中，能意識他人不同的觀點，但需要規則	擁有他人的觀點，更具體，更注重公平的價值觀	持有多種觀點，能夠反思自我知識、抽象思考、識別內在動機	接受悖論和矛盾，持有多種觀點而不作出判斷
社會	他人的存在會協助或阻礙需求的滿足，操縱他人滿足需求	與他人共同構建意義，關係很重要，與他人的期望融合一起	建構與他人關係，但有其差異性，可以管理多個角色	連接相互需要，但沒有驟變

　　雖然這些階段是人類發展的特徵，但個體發展可由某個階段過渡到另一階段。領導者可能會發現自己處於某個轉型的階段，當領導過程中產生不和諧或緊張時，將開始向下一個階段過渡。透過經驗和理解，領導者逐步從一個階段進入下一個階段，在此過程中遇到一些掙扎和阻力。這些轉

變點可以被視為一個連續統一體，直到完全嵌入新秩序中（Kegan,1994）。
領導者可能會發現自己處於轉型的某個階段，遠遠超過其中一個階段。當
生活經歷在領導者中產生不和諧或緊張時，他們將開始向下一個階段過渡。
由於額外的經驗和理解，領導者逐步從一個階段進入下一個階段，在此過
程中將遇到一些掙扎和阻力，這些轉變點可以被視為一個連續體，直到完
全嵌入新階段中（Kegan,1994）。

　　因為領導和智慧的發展被定義為對人的關注，所以通常到第三階段才
出現，隨著領導者從第三階段向第四階段過渡，將放棄嵌入機構和參考框
架內的自我認同，開始形成跳出機構的自我創新。隨著領導者開始從第四
階段發展到第五階段，領導者開始獨立於他人的期望，重視多重觀點和價
值體系，並開始回歸聯繫，擁抱多個觀點，整合悖論和矛盾進入他們的世
界觀。領導者對自我有更好的理解，亦能更有效回應他人，此即為「智慧」
的行動模式（如圖 16）。

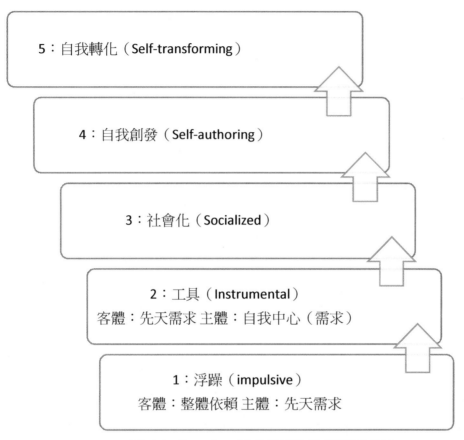

圖 16　Kegan＇s 社會秩序的建構發展流程

　　對 Kegan's 的建構發展理論和智慧發展的回顧可發現類似的主題：（一）包含認知、情感和社會因素；（二）兩種結構的發展性質；（三）處理複雜性的能力增強；（四）自我覺知和反思能力；（五）引發具有挑戰性的情況和不和諧事件的影響進一步發展。隨著高階秩序的發展，智慧也隨之發展並作為關鍵轉折點的結果。Kegan 的建構發展和智慧發展，如表 5。隨著領導者轉向更複雜的思維，自我反思和處理複雜事件的能力，建構發展和智慧發展兩者同時推進（John, Barbuto & Millard, 2012）。

表 5　社會秩序和智慧發展

社會秩序		智慧發展	
階段 1：浮躁（impulsive）	兒童：耐用物件，具體信息	沒有智慧可能－完全取決於需求和慾望，不關心獲得結果或過程	誰，何時何地？具體信息
階段 2：工具（Instrumental）	青少年：看見後果，達到目的的手段，規則約束，以自我為中心	程序性知識-智慧反映了對獲得預期結果的理解，以及如何最大化回報，如何擊敗系統	信息搜索決策，決策、諮詢，情緒反應監控，成本效益分析，手段－目標分析
階段 3：社會化（Socialized）	年長（青少年/大部分成人以下）：需要包括他人的需要，他人內化需求，在機構（學校，宗教等等）引導，抽像思考，自我反思在自己和他人身上行動，自我定義	生命情境主義－智慧反映了對外部規範和標準的欣賞和接受，智慧來自專家，參考文獻，專業，朋友，家人，導師和其他外部線索和指標。	年齡層的背景（青春期問題），文化層的背景（規範的變化），跨時間/生活領域的特殊情境（末期疾病），相互關係，緊張，生活領

			域的優先事項
階段4：自我創發（Self-authoring）	一些成年人：關於社會環境的內部判斷，個人權威評估，發展同情，自我激勵，自我導向	相對主義 – 智慧反映了對不同外部指標和參考文獻的理解和容忍，但不受其中任何一個的約束；智慧來自內部流程和優先權的平衡，權衡這些外部權威。	宗教和個人喜好，當前與未來價值觀，歷史，文化相對主義

　　Ignelzi（2000）、Taylor（2007）皆認為上述架構得提出有助於建構發展與智慧之間聯繫的理解，藉以提高領導素質。這些發展過程可以通過轉型學習得到加強，包括鼓勵、反思、支持、建立關係和挑戰，批判性思考的機會，多樣性的接觸和體驗式學習。Kegan（1984,1992）亦提出建構發展有助於啟動自我學習，智慧發展則可以從社會意識秩序的自我意識發展而來，領導者的自我意識可能會導致建構發展進程，從而可以促進智慧的發展。

第九章　智慧領導模式

　　隨著地域與人口結構等因素之不同，其所產生的權力結構亦有差異。權力結構可能存於少數人身上、可能是模糊的、非正式的、非組織授予的。領導者可能帶來強烈的、想要實現的願景來到服務的組織，雖然服務於組織，但卻無法保證能長期擁有領導的地位，如果領導者無法因應新環境中文化的更迭，無法傾聽於學習社群夥伴的聲音，將可能導致領導的失敗。

　　Harman（1990）指出，「面對全球性的溝通、全球化的經濟與競爭，領導者應該跨越國界，擁有全球化經營的能力與責任，……因此，組織應跳脫過去政府機構嚴謹的科層組織，具備更佳的彈性與適應力，建立組織新的氛圍，引導倫理標準」。針對 Harman 以上論述，Miller 與 Miller（2006）認為所謂建立組織領導倫理新氛圍的方法即是「智慧領導」。Miller 二人接續表示，智慧是知識、智力、經驗與革新思維的總和，真正的智慧是一種深度的了解、敏銳的識別以及正確的判斷；它源自於自我洞察的程度、個人與組織的價值以及具有文化的多元心智；另外，Kuper 在 2005 年提出組織智慧除專注於認知層面的智慧意涵外，亦應包含情境實踐，組織是一生活世界的體現，組織成員所體悟到的是一種交互關聯的感受，不僅受到領導者與追隨者思想之影響，也受其情感、意象等之牽引（陳利銘，2006）。

　　智慧是領導者最根本的重要特徵（Hammer,2002）。在多元與動態的組織運作歷程中，領導功能的有效發揮，有賴於領導者運用其智慧去瞭解組織成員的心理狀態，並調和組織的動態發展歷程，以達成組織目標與願景（Korac-Kakabadse, Korac-Kakabadse & Kouzmin,2001）；另 Kahn（1998）

談及未來領導者應以「量子跳躍（quantum leap）方式進入以人為基礎而非以物為基礎的社會」，經由知識、智慧以及對公平與正義的承諾來說服他人，而不再僅限於職位，應以倫理、理想、說服為基礎，透過管理的認同來形塑領導。因此他認為未來領導者應具備：（一）欣賞與保護民主的原則、（二）保護與擴展人權基礎、（三）堅持、倫理、平等、公平與正義、（四）致力於最佳實物知識、有效教學、智力發展與教育研究、（五）堅持標竿原則。

　　全球趨勢、科技革新所帶來的競爭壓力正急速衝擊著組織的生存與發展，亦考驗著組織領導者的智慧。智慧領導者不會專注於個人的利益，但也不會忽略該擁有的利益，而是有技巧的去平衡這些利益，包括領導者本身、部屬以及組織整體的利益，而這些利益的平衡是領導者的責任所在。面對急遽的組織變革，領導者能否感知環境的變遷、敏銳的洞察，以做出正確的判斷？能否以其知識、智慧以及公平、正義的處事態度來說服他人？能否以智慧與實踐的能力，來影響自我與組織成員創造共同的利基？都是未來領導者必須修習的課題。

一、Ardelt 認知，反思和情感的人格特質整合模式

　　Ardelt（2004）根據 Clayton 和 Birren （1980）早期的研究，提出了一種相對簡約的智慧模式，作為認知、反思和情感的人格特質整合模式（如表 6）。Clayton 與 Birren （1980）通過對十二個智慧屬性的多維尺度分析得出了這個定義。這種對智慧的基本和一般描述似乎與古代和當代智慧文獻中的大多數定義相一致（Clayton & Birren,1980; Manheimer, 1992; Sternberg,1990b），同時，也足以區分智者，例如，智能、創造力或利他主義的個體（Holliday & Chandler,1986; Sternberg,1990a）。

118

表 6　智慧的認知，反思和情感人格特質整合模式

層面	定義	操作
認知	了解生活與知道真相的渴望，及理解現象與事件的重要性及深層意涵，包括知識和接受人性的積極和消極方面，知識的內在限制，以及生活的不可預測性和不確定性。	評量項目： 徹底了解情況或現象的能力和意願； 了解人性的積極和消極面的知識； 承認生活中的模糊性和不確定性； 儘管生活具有不可預測性和不確定性，但能夠做出重要決策。
反思	從多個角度看待現象和事件，需要自我檢驗，自我覺知和自我洞察。	評量項目： 從不同角度審視現象和事件的能力和意願； 缺乏主觀性和預測（傾向於指責他人或情境以適應自己的情境或感受）
情感	對他人的同情和富有同情心的愛。	對他人的積極情緒和行為； 沒有冷漠或消極的情緒。

　　由表 6 可知，智慧的認知層面是指了解真相並更深入地了解生活，特別是個人以及個人與他人人際關係方面，這包括知識和接受人性的積極和消極方面、知識的固有限制、以及生活的不可預測性和不確定性。然而，為了實現對現實的更深入和不失真的理解，首先必須經由（自我）反思的實踐來克服個人的主觀性和預測（Kekes,1995）。智慧的反思部分代表著自我檢視、自我覺知與自我洞察，以及從不同角度看待現象和事件的能力。透過這些實踐，人們可能會逐漸克服個人的主觀性和預測，這有助於人們能夠感知和接受當下的現實，並更加的理解自己和他人。只有在超越一個人的主觀性和預測之後才能更深刻地理解生命的可能性。Kramer（1990）

提出「個人首先必須能夠意識到並超越個人的預測，然後才能發展出與智慧相關的情意技能和認知過程。」最後，情感成分包括個人對他人的同情和富有同情心的愛，經由（自我）反思對個人的主觀性和預測的超越有利於降低個人的自我中心主義。相反得，這將允許更深入地了解自己和他人的動機和行為，使得智者能夠以更具建設性、同情和富有同情心的方式與人 們 互 動（ Achenbaum & Orwoll, 1991; Clayton & Birren, 1980; Csikszentmihalyi & Rathunde, 1990; Holliday & Chandler,1986; Kramer;Orwoll & Achenbaum,1993; Pascual-Leone, 1990）。

二、WICS 模式：

在一個無法預測的世界，知識往往容易遭錯置。在一個無法預知的環境中，人類認知上的矛盾將對組織對於所處環境的回應與管理的決策上產生影響。然而一個成功的領導者固然須知曉如何有效的形成決策、做成決策與執行決策，但成功的領導者卻非僅止於決策的概念。如果傳統的領導模式太狹隘，究竟哪一種模式能兼有較廣泛及包容性的特質？一個可能的答案是 WICS 模式（Sternberg,2003a），智慧、智能和創造力在某種程度上是發展專業知識的形式（Sternberg,1998a，1999a）。Sternberg（2003a, 2003b, 2004）、Sternberg 與 Vroom（2002）提出 WICS 模式，亦即智慧（wisdom）智能（intelligence）與創造力（creativity）的整合（synthesized）模式，Antonakis、Cianciolo 與 Sternberg（2004）認為 WICS 不同於大多數的領導理論，由一些特質與技術的組合。

WICS 模式強調一個有效能的領導者應具備智慧（wisdom）智能（intelligence）與創造力（creativity）的整合（synthesized）能力（如圖 17）。人不是與生俱來就是領導者，但智慧、智能與創造力卻是人類可以決定加

以運用與發展（Sternberg,1998a,1999a），而態度與技術是最基本的兩個因素，且此兩個因素等同重要。就如人類須經由重新定義的技術來解決困難的問題，但必須態度引導技術來重新定義問題。

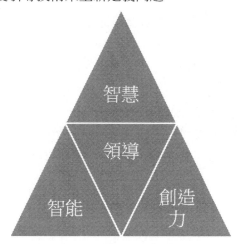

圖 17　領導的 WICS 模式

　　一位有效的領導者需要擁有創造力的技術與態度；經由智來能分析是否是一個好的理念；以實踐智慧來執行理念，並能說服他人，傾聽並追隨理念；而智慧在確保此理念能成就所有利害關係人的共同利益，非只是少數人。

（一）創造力

　　創造力在提供產生理念與成果的技術與態度，創造力是：1.相對新穎的；2.高品質的；3.適當的任務（（Amabile,1996）。就領導者而言，具備創造力便能產生並說服讓他人能遵從的理念。

1. 創造力是一種決策

　　Sternberg 與 Lubart（1995,1996）在創造力的融合模式中提及，具創造力者展現出多元的特質，而這些多元的特質不代表一種天生的能力，而是

執行較大的決策（Sternberg, 2000）。換句話說，在較高的程度上，具創造力的人，呈現出面對生活的創造力態度。2.創造力領導者在執行何種決策

（1）重新界定問題

創造力的領導者在面對難以解決的問題時不會選擇逃避，而是將問題重新定義和組成。

（2）分析解決方案

分析再重新界定問題過程中產生優質的解決策略（Finke,Ward & Smith,1992）。當領導者針對問題提出創造性策略時，必須自我提問三個問題：首先是，什麼決策最有可能達成預期的結果？其次，可能產生的不佳結果是甚麼？最後，最有可能的結果是什麼?

（3）行銷策略

單單有好的理念是不夠的，一個好的領導者必須有能力去說服他人傾聽這些理念（Gardner,1993;Simonton,1994），換句話說，領導者必須是一位成功的演講者或行銷者。領導者必須有效的讓利害關係人得知，其所提的願景或計畫將對組織產生一定的效益。

（4）認同專業知識得限制

Frensch 與 Sternberg（1989）認為，領導者若無法承認自己專業知識的限制，將可能導致失敗的結果。專業知識的規模與範圍是創造性思考的優勢要件，它有助於人們在面對新的挑戰時，避免重複過去的失敗樣式。領導者應認知知識與智慧的多元性，迎合團隊時代的來臨，能傾聽追隨者的意見，追隨者亦能傾聽領導者豐富的經驗，讓組織面對新的環境時能保有彈性的思維與作為。

（5）承擔合理的風險

領導者總是不斷面對不同的決策，而決策的影響承擔著不同的風險。Feist （1999）認為創造型的領導者，必須了解何時將面對風險？以及甚麼樣的風險值得去挑戰？因此領導應能適時預防風險、評估風險以及面對風

險時能做出合理及有價值的決策。

（6）克服障礙

創造力領導者亦面臨人群等諸多障礙。Feldman、Csikszentmalyi 與 Gardner（1994）提到有效的領導者面對障礙時應保有毅力與堅持不懈的精神。具有創造力的領導者，當他們面對巨大的障礙時，仍會不斷的透過規劃、發布與執行，來克服障礙，建立新的秩序。

（7）容忍模糊

當人們企圖去形成或執行創造性的理念，無可避免的將會有一段模糊時期，因為他們無法預測將會發生甚麼事，更重要的是這個理念是否會成功？（Barron,1998）。成功的領導者應擁有足夠的時間去容忍此模糊性，以確保能做出正確的決策。

（8）終身學習

創造性的領導者必須持續的去擴展他們的視野，他們從不認為已經「足夠（enough）」，因此他們會忽略自身的年齡，提升自我的知識底蘊（Gruber, 1981）。

3. 創造力領導的類型

創造力領導者有不同的類型（Starnberg,1999b,2002;Sternberg,Kaufman & Pretz, 2002,2003），包括：

（1）複製

在新的情境中重複已經存在的理念，擴大原始的型態。領導者重複他人的腳本，模仿過去已經完成的作品，為創造性產品提供最小限制，在相對穩定的環境要快速成功，他們需要的是持續而非變革。

（2）再定義

使用已經存在的理念於新的樣式或方向上。再定義幾乎接受現狀，但可能會給它一個新名稱或新描述，他們會觀察現存的理念，但會以不同的

123

方式來對待這些理念，亦即舊酒裝新瓶。

（3）前進的能量：

持續移動到下一階段，前進的能量能看到移動的方向以及未來要走的步伐，他堅持舊有的形式，但不會僅止於複製這些形式，領導者會參酌先前領導者的樣式，帶領他的追隨者邁向未來的路徑，領導者帶領組織向前，不受利益團體的威脅。

（4）推動前進的能量

推動組織前進的能力，但推動的步伐遠遠超越他人的預期，往往向前推動遠達數個階段。推動前進的能量帶領組織又快又遠的移動力，在過程中追隨者往往被拋諸於後。當追隨者尚未準備好實現新的理念時，未來的領導者將能帶動追隨者來實踐理念。

（5）重新定位

在有限的時間內改變正在進行的方向。重新定位並非愉悅的事情，因為領導者企圖去駕馭他的追隨者，當領導者去改變組織或團體正在追求的方向，可能讓領導者的地位受到威脅，因為重新定位將讓領導者陷於危機當中。

（6）回歸重新定位

改變既定的方向，回到過去一段時間已經放棄的方位，經過討論後認為過去的方向是較佳的，因此從目前的方位轉回到過去的方向，諸如領導者認為過去的管理系統遠優於當前的管理系統，因此領導便會奠基於早期的系統上。

（7）再出發

超越當前的新觀點，從不同的方向再出發。再出發不僅無法接受當前的方向，甚至對於起始的方向或假設亦無法接受，而是以新的方式來改變現狀。領導者必須有與生俱來的領導能力，必須有卓越的說服技術，方能帶領他的追隨者，重新邁向組織的新方向。

（8）整合

　　將不同典範與思考方式加以整合，並且跳脫先前的整合模式。整合乃將目前的執行方式加以整合成一新的有別於過去的方式，領導者為整合其他領導者的方法，成為屬於自我的領導方法。

（二）智能

　　智能是領導的重要因素，但領導者的智能若遠高於他的追隨者，領導者將無法有效與他的追隨者進行連結，導致領導無效（Williams & Sternberg,1988）。智能亦不僅僅是狹義的一般因素（Jensen,1998;Spearman,1927;Sternberg & Grigorenko,2002）或者是 IQ（Binet& Simon,1905; Kaufman,2000;Wechsler, 1939），智能被視為是成功的理論（Sternberg,1997,1999a,2002），是一種在社會文化環境脈絡中，能促進個人成功的生活，並能給予他人成功的概念。根據 Sternberg 的理論，擁有成功智能的領導者，應有能力了解自己的優勢與劣勢，透過優勢採取優質的策略來達成目標；對於劣勢，面對無法有效執行的事物，經由與他人的共同協作，適當加以調整，也會有良好的表現。

　　Neisser（1979）認為上述理論提出，有兩個面向存在重要相關性：學術與實踐。1.學術智能：學術智能提供有效連結各種智能觀點的記憶與分析能力，這種智能不僅是分析、評鑑與判斷資訊，更需要喚醒與理解的能力。領導者在做決策時應有能力去提取相關的資訊（記憶能力），然後去分析和評鑑不同的行動方案（分析的能力），但是良好的分析能力並不見得就能成為一位優質的領導者，長期以來在領導智能的相關文獻中，強調學術智能（IQ）已經有所悖離時空，在近代的智能面向中，逐步再強調情緒智能（ emotional intelligence ）（ Caruso, Mayer & Salovey 2002;Goleman,1998a,1998b）、多元智能（ multiple intelligences ）（Gardner,1995）、實踐智能（practical intelligence）（Hedlund et al. 2003;

Sternberg & Hedlund,2002）。其中實踐智能是成功智能的一環，是領導的核心要素，備受關注。2.實踐智能：實踐智能係指經由經驗所獲得的知識來解決每一天所面對的問題，去計劃、適應、形塑和選擇環境。而這意味著要改變自己去適應環境（適應）；改變環境來迎合自己（形塑）；從工作中去發現新環境（選擇），使用這些技術來管理自己、管理他人與管理任務（Sternberg et al,2000）。

　　不同的領導型態需要連結不同的管理技術，領導者必須因應需要去改變他們的記憶技術、分析技術與實踐技術。領導者擁有記憶技術，但仍需要有豐富的知識底蘊，方能有效執行；領導者擁有記憶技術與分析技術，才能提取資訊並做有效分析，但正確的分析可能仍無法有效的說服他人；但同時擁有記憶技術、分析技術與實踐技術的領導者卻能有效的影響他人，其他實踐技術的重要性遠高於記憶技術與分析技術（Sternberg,1997; Sternberg, 2000）。

（三）智慧

　　上述領導者即使擁有上述因素，但仍缺乏一項重要品質要素，亦即智慧。Smith 與 Baltes（1990）省思智慧的五個要素，提出以下看法：1.豐富的事實知識（有關生活情境與類型的一般與特殊的知識）；2.豐富的程序性知識（有關生活中判斷與諮詢策略的一般與特殊知識）；3.具備廣度的生活情境脈絡（生活脈絡的知識以及它們的發展關係）；4.相對主義（知識的不同價值、目標與要務）；5.不確定性（生活中不確定性與無法預測性的相關知識）。而在智慧判斷的要素中，有三個因素被用來規劃、管理與革新生活-一般個人因素、專業的專家因素以及來自經驗脈絡的促進因素。

　　Sternberg（1998b,2000）在其智慧的平衡理論中提出，智者會根據不同價值來調整和運用其成功的智能與經驗：1.尋找並告知所有追隨者的共同利益；2.做好個人、他人與組織或機構的利益平衡；3.包括短期與長期的利

益；4.適應、形塑和選擇環境。領導者能夠運用和創造不同的方式，但無法保證他們就是智慧的領導者，Sternberg（2005）談到歷史上總有少數智慧領導者能讓其追隨者留下無法抹滅的印象，這些智慧領導者通常具有魅力這個重要因素，但魅力領導者未必是智慧領導者，因為魅力領導者容易因時序更迭而被遺忘。而失敗的領導者通常從事刻板謬誤的思維模式，存在以下五種現象（Sternberg 2003a, 2003b）：1.不切實際的樂觀主義謬誤：領導者自認是聰明和有效能的，他們可以做任何他們想做的事情時，然後盲目地採取行動，沒有充分考慮可能出錯的因素；2.自我中心主義的謬誤：當成功的領導者開始認為他們是唯一重要的人而不是那些依賴他們領導的人時，就會出現這種謬誤。這會讓追隨者認為領導者關注的是個人而非他人、組織或機構；3.無所不知的謬誤：當領導者認為他們知道一切，並忽略了他們自己知識的侷限性時，就會出現這種謬誤，例如對於新環境文化的學習等；4.無所不能的謬誤：當領導者認為他們都非常有能力並且能夠做他們想做的任何事情時，就會出現這種謬論。領導者覺得他可以做任何他想做的事，因為他是領導者；5.無懈可擊的謬誤：這種謬論發生在領導者認為他們可以逃脫任何事情，因為他們自覺聰明而不會被抓住;即使他們被抓住了，領導者亦認為可以脫身，無涉他們所做的事情。

（四）整合

可能沒有任何領導模式可以完全擷取到個人內部和外部的所有屬於成功領導者的要素，然而，在擷取重要的維度時，WICS 模型可能比某些模型會更加接近。

有效的領導者需要創造力的能力來提出新想法，學術能力可用來評估好的思維，實踐能力使這些想法發揮作用，並使他人相信這些想法的價值，而智慧確保這些想法在服務中的共同利益，而不僅僅是領導者的好處。缺乏創造力的領導者將無法應對新的和困難的情況，缺乏學術智能的領導者

127

將無法決定他或她的想法是否可行，缺乏實踐智能的領導者將無法有效地落實其想法。一個缺乏智慧的領導者可能會成功地實踐其理念，但最終可能會與他人的最佳利益相悖。

WICS 模型當然與許多其他模型相關，它融入轉型領導和交易領導（Bass, 1998; Bass & Avolio, 1994;Bass,Avolio & Atwater, 1996），情緒智能領導 Goleman,1998b），願景領導（Sashkin,1988,2004），以及魅力領導（Conger & Kanugo,1998; Weber,1968）。

WICS 當然不是唯一可以採用的教育領導模式。但它是一種可能擁有一些獨特優勢的模式。特別是，它認識到成功領導的關鍵不在於一系列固定的特質或行為要素，而在於領導者如何定義、制定和實施決策。

三、Intezari 與 Pauleen 智慧管理模式

Intezari 與 Pauleen（2013）建議將智慧運用於管理，運用智慧的三個面向協助管理人員進行組織的運作，如圖 18。

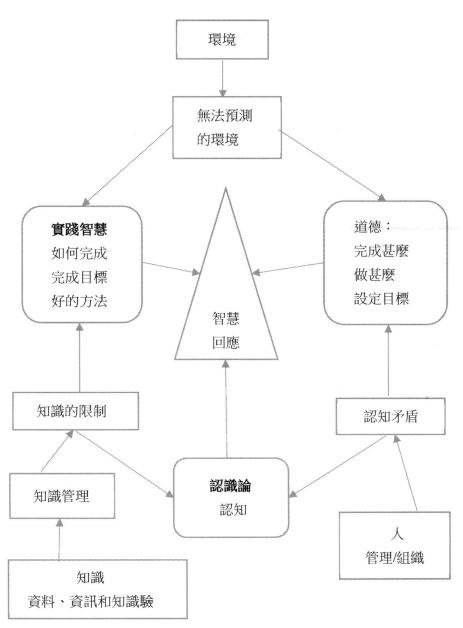

圖 18　智慧面向在管理的貢獻

　　Intezari 與 Pauleen 認為，智慧是一種道德，道德有助於協調個人與社群的道德觀，來設定適當的目標；認知是有助於經由智慧去闡述認知矛盾與知覺知識的限制，去平衡已確定和質疑的事項進入管理的決策與行動；而實踐智慧的貢獻則在了解要達成甚麼目標？以及要達成目標所應採取的適當手段。在今日動盪的環境中，組織要做出明智的管理與決策，智慧扮演相當重要的角色。

四、Edwards 智慧功能模式

　　除了上述 Intezari 與 Pauleen 提出的模式外，Edwards（2013）亦針對組織面對當前不確定的環境，應強化組織的智慧能力，建立智慧能力的功能模式，他提出智慧的典型型態，包括轉型（transformative）、傳遞（transitive）、創造力（innoviative）、前瞻（conformative）與適應（adaptive）五種智慧，此五種智慧的功能依環境動盪程度而有不同，如圖 19。

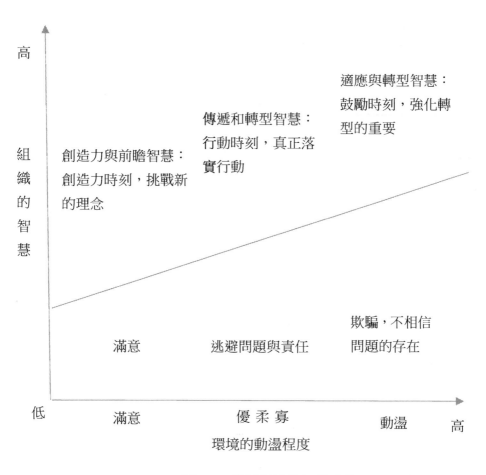

圖 19　動盪環境的智慧功能

　　由圖 19 可知，當環境是穩定時，組織可以孕育創造力的理念（創造力智慧），以及檢視環境，專注於突發事件，據以形成策略目標（前瞻智慧）；當環境逐漸動盪時，組織當進行傳遞與轉型智慧的能力，採取決定性的行動以處理環境的議題；當環境動盪不安時，組織應進行優質的革新，建立新的系統與價值（適應與轉型智慧）。這個模式在強調組織與其周邊環境的關係，以及結合不同智慧的功能，以確保組織的永續發展。

五、Biloslavo 與 McKenna 智慧模式

　　相對於 Edwards 組織的智慧模式，Biloslavo 與 McKenna（2013）提出個人層級的智慧模式，藉由此模式去發現人類的特質，指出個人的智慧。主張藉由個人的行動來判斷智慧，而個人的行動可以由其特質來加以預測。此智慧模式由四個相互依賴的層面所構成，亦即認知、意象、情感與道德，智慧即此四個層面的整合，並經由正式的、系統的與後設系統三個階段逐步發展，如圖 20。

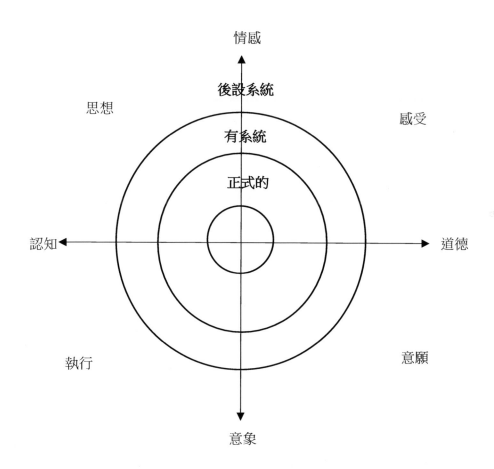

圖 20　個人層級的智慧模式

複雜與多元的人類結構會影響人類行為的發展取向，Biloslavo 與
McKenna（2013）強調在後設系統階段必須有效統整認知、意象、情感與道
德。認知提供對不同事務的思考與鑑別的能力；意象則指對不同系統的目
的與動機的協調能力；情感則提供個人去了解他人的情緒、衝突、反省以
及自我的情緒；一個人有高程度的道德觀，便能夠覺知人與自然以及社會

133

系統的相互關連。Biloslavo 與 McKenna 認為這個模式對智慧的評量提供了
多元的面向。

第十章　結論

　　過去數十年來，學習和學習型組織是個人、組織與國家發展的重要概念，有效學習儼然成為組織永續發展的重要優勢，而此種對於學習的關注，成就知識管理的誕生。但當我們全心投注於學習時，可能會思考一個問題，我們在學習什麼？我們需要學習甚麼？資訊通訊科技（Information and Communication Technology, ICT）的誕生，打破時空界限，讓知識的創造、分享與傳遞更加的快速，知識的半衰期更隨之縮短，在此資訊爆炸時代，也為組織帶來長遠的新挑戰。在此人類歷史偉大的學習關鍵上，前所未有的智力亦隨之專注於反思，以融入智慧概念的三個根本關鍵問題來啟動反思學習：一、我們來自哪裡？二、我們在這裡做什麼？三、我們去哪裡？又假如學習是重要的，針對智慧此一概念，我們必須去探討的是：一、甚麼是智慧？二、我們要如何去學習？三、我們如何更有效地傳遞它？這些似乎是我們應優先探索的問題。

　　二十一世紀的「變」已成常態，且持續加速進行，繼「農業革命」、「工業革命」、「資訊革命」之後，「知識革命」已然興起，成為人類的第四波革命（范熾文，2008）。經濟大師 Thurow 曾說：「一個以『腦力』決勝負的知識經濟時代已經來臨」。知識經濟的核心，乃是以實體產品生產的經濟轉移為以知識為生產的經濟，取代過去的土地、勞力與資金的生產要素。因此沒有「知識」的知識經濟是空的，知識經濟的發展都必須以源源不絕和創新的知識為基礎，不管這些知識是屬於一些文字或圖表的外顯知識（ explicit knowledge ）和難以描述和言傳，卻能體會的隱性知識（ tacit knowledge ），兩者都是知識經濟不可或缺的要素，真正能夠為組織創造高額經濟利益和長久競爭優勢，係來自於豐富的知識內涵的智慧財產，例如：專利權、自創品牌、人力素質…等，決定了組織競爭力和發展的關鍵因素，所以知識在知識經濟扮演著關鍵性的角色（王如哲，2002）。

　　知識是一種新型資源，可以延伸、擴散、移植與分享，特別是隨著全球互聯網的爆炸式增長，知識更扮演重要角色。而隨著科技快速的革新與發展，知識的半衰期亦逐漸在縮短當中，人類的發展可能不僅僅止於彼此的互動和回應，科技對人類產生的影響亦是必須重視的課題。因此，未來決定競爭的優勢，繫於腦力所開發出來的知識。新世紀知識經濟時代的來臨，人類面臨較過往更繁複與嚴峻的挑戰，所謂教育 4.0、工業 4.0,都引導人類社會發展進入一新旅程，改變人類的生活面貌。在此時代脈動下與人們生活息息相關的知識、智慧產生什麼樣的轉化？個人、組織、社會與國家又應如何因應？正如 Foray Lunduall（1996）提到我們已進入一個以知識為基礎的經濟（knowledge-based economy）、學習經濟 （leaning economy）或資訊社會（information society），此種經濟比先前時期更高度且直接仰賴於知識的生產、分配及其利用；Abramovitz 與 David（1996）宣稱,我們正處於這方面快速變化的時期,因而此時是專注於學習和知識基礎之最佳時機； TFPL（1999）提到,一個國家的財富不再仰賴取得與轉化初級材料的能力,而是取決於一個國家的人民智慧與能力,以及組織利用並開發這些能力的技術。

　　一個人的行動是以其所認知的為指導原則，但 Bayesian 認為理性決策的最大化預期效用乃源於個人的信任，因此 Bayesian 認為以知識為基礎的決策藍圖是否與基於信任的觀點相衝突？因為理性決策是基於完全信任，而非不信任或「部分信念」,這是 Bayesian 決策理論的核心（Weisberg, 2013）；Douven（2008）認為知識為基礎的藍圖其根本假設是一種逐步實踐推理的方法，與 Bayesian 理性決策的理念並不一致；Schiffer（2007）亦提出基於

知識本位的藍圖，可能會因為缺乏完全的信任，因而無法構成知識。因此知識、信任與決策有其互動關係存在。

　　長久以來我們似乎沉迷於科技、專注於經驗，而忽略了智慧。此外我們也必須認知到越來越多的改變在發生，而在這改變的同時，如何盡可能確保我們的學習是有效的是一重要課題，如果我們想擁有一個更美好的未來，我們必須做的第一件也是最重要的事情，就是提高我們學習的品質和效率。學習可以提升組織革新的動力，有更優質的表現，組織和個人沒有革新的問題，只有我們如何定義和規畫發展的實踐。

　　近年來，人們的觀點逐漸從「努力工作」轉變為「智慧工作」，我們的社會從「知識社會」進入「智慧社會」，在這樣的演進過程中，我們體認到重要的關鍵是在反思價值，而不是我們的體力勞動量，如果我們想要提高決策品質，那麼重點不僅要關注我們訊息的品質，更重要的是要關注訊息的「正確」使用。在當前複雜的世界中，如果想要成功的實踐領導與管理，必須對過去累積的智慧更有效的理解和使用，例如要超越「知識就是力量」的概念，更加強調「知識分享」的意境。

　　智慧意味著一種能力與選擇，去辯證善與惡的區別並選擇善的事物，智慧也相對於不明智與愚蠢的概念，但智慧與所有決策一般，可能必須在訊息不完整的情況下做出選擇，因此要明智地採取行動，必須先行規劃合理的未來計畫與預期效果，而充分運用現有知識是重要的策略。從政府，宗教和哲學倫理的現代權威人士都認為智慧意味著「開明的觀點（enlightened perspective）」，這種觀點通常以實用的方式定義，作為對長期共同利益的有效支持。又何謂明智的行為與洞察力？Lloyd（2006）認為可包含以下要件：（一）從與許多道德體系相容的觀點出發；（二）服務於生活、公共產品或其他非個人價值觀，而不是狹隘的自身利益；（三）堅持但不限於過去的經驗或歷史，並預測未來可能產生的後果；（四）了解多種形式的智力，如理性、直覺、內心、精神等。

　　智慧也是整合我們的價值觀進入決策的過程，將資訊轉化為知識，而我們如何實際使用知識取決於我們的價值觀，我們必須將價值觀融入於知識，經由智慧與知識的轉移來做為決策的基礎。當然，決策本身是一個動態的過程，在過程中過去的行動經驗會不斷回饋告知我們是否需要更多的信息-我們需要的信息是什麼？和哪些價值會影響決策？因此，如何評估價值以作為目的、策略與結果，是所有決策制定的關鍵部分。

　　智慧的決定包括價值判斷，信念、感受以及思想，且不可避免地涉及道德選擇。智慧涉及人與人、人與社會以及人與宇宙的關係，這些相對永恆的陳述有助於提供我們對世界的了解。沉浸於訊息所提供的架構可能有助於達成一致的決策，但過度專注於價值的決策是否可能產生更多的問題？首先，將價值隱含於決策中，我們可能就價值層面進行討論，這是知識管理的核心過程，有助於資訊與知識更加明確；其次，證據顯示，所有文化和宗教對基本人類價值觀（和智慧）的一致性都得到了更廣泛的認可（Lloyd,2006）。

　　最後，就領導本身而言，領導人仍須倚賴科學新發現，以處理不確定環境中所遭遇的各項課題，領導者必須有遠見的視野與前瞻性的思考，才能持續制定適當的決策，使組織與社會和諧共存，因此應妥善運用外顯、內隱知識與實踐智慧，在價值觀與道德的前提下，依實際情況審慎研判，並採取行動。如果領導人在組織上培養這種知識，不但能創造嶄新的知識，也能制定明智的決策，因此將領導與知識及智慧結合，將有助於組織的永續發展。

參考書目

尤克強 （1999）。**知識資產創造價值**。臺北：遠見。

王如哲（2002）。**知識經濟與教育**。臺北：五南圖書出版公司。

吳思華（2001）。知識經濟、知識資本與知識管理。**臺灣產業研究，4**，11-50。

吳政達（2002）。知識管理－學校行政新方向。暨南國際大學「**知識管理與教育革新發展研討會」**。

吳春助（2009）。**國民小學校長知識領導、科技領導與創新經營關係之研究**（未出版博士論文）。國立臺北教育大學，臺北。

吳清山（2001）。中小學實施校長評鑑的挑戰課題與因應策略。**教育研究月刊，84**，28-36。

吳清山（2002）。知識管理與學校效能。載於國立中正大學主編，**知識管理與教育革新發展論文集（上）**（頁99-117）。臺北：教育部。

吳清山（2003）。**知識經濟與教育發展**。臺北：師大書苑。

吳清山、林天祐（2000）。教育名詞：知識經濟。**教育資料與研究，37**，100。

吳清山、林天祐（2004）。知識領導。**教育研究月刊，119**，150。

吳清山、林天祐（2005）。**教育新辭書**。臺北：高等教育。

吳清山、黃旭鈞（2000）。學校推動知識管理策略初探，**教育研究月刊，77**，18-32。

吳清山、黃旭鈞、高家斌、賴協志、林佳宜、陳亮君（2006）。國民小學校長知識領導模式建構之研究（國科會專題研究計畫成果報告編號：NSC94-2413-H-133-003）。臺北：中華民國行政院國家科學委員會。

吳清山、賴協志（2007）。國民小學校長知識領導之研究：角色知覺與踐行。**教育心理與研究，30**（2），1-29。

吳清山、賴協志（2009）。**知識領導：理論與研究**。臺北：高等教育。

李正（2010）。**國民小學校長知識領導之個案研究-以花蓮縣一所國小為例**（未出版之碩士論文）。國立東華大學，花蓮縣。

李正（2010）。**國民小學校長知識領導之個案研究-以花蓮縣一所國小為例**（未出版碩士論文）。國立東華大學，花蓮。

李瑪莉（2002）。**國民小學知識管理與教師成長關係之研究**（未出版碩士論文）。國立中正大學教育學研究所，嘉義。

周文祥、慕心編譯（1998）。**巨變時代的管理**。彼得杜拉克（Peter F. Drucker）著，臺北：中天。

林天祐（2001）。知識經濟體系下學校行政的使命。臺北市立師範學院，**中華民國學校行政研究學會九十年度會員（代表）大會暨學校行政論壇第七次研討會**，頁71-76。

林志成（2000）。多元派典的教育行政領導研究與實務。**初等教育學報，7**，1-26。

林志成（2004a）。行動智慧概念對學校行政理論的轉化與實踐之啟示。載於中華民國學校行政主辦之「**中華民國學校行政論壇第十二次研討會論文集**」（頁35-58），臺北。

林志成（2004b）。校長領導之行動智慧—策略領導等多元領導方式的省思與實踐活用。楊銀興（主持人），校長領導方式與學校運作。國立教育資料館主辦「**現代教育論壇--校長領導**」。

林志成（2005）。教育迷思與行動智慧。**桃園縣政府教育局電子報**，11-08-
　　44。

林東清（2009）。**知識管理**。臺北：智勝。

林新發、黃秋鑾（2008）　。臺灣地區國民中學校長知識領導、學習社群與學
　　校創新經營效能關係之研究。國立臺北教育大學教育政策與管理研究博士
　　先修班課程講議，未出版，臺北市。

范熾文（2006）　。**學校經營與管理：概念、理論與實務**。高雄：麗文。

孫志麟　（2002）。知識管理在學校組織的應用。**教育研究月刊，99**，44-45。

徐昌男（2007）。**國民小學校長知識領導與教師知識管理效能之研究**（未出版
　　碩士論文）。臺北市立教育大學教育行政與評鑑研究所，臺北市。

高希均（1986）。**做個高附加價值的現代人**。臺北：天下。

張文權、范熾文、張臺隆（2008）。提升學校競爭優勢的關鍵:知識領導。載
　　於范熾文主編，**2008 東華大學教育行政與政策學術研討會論文集**（頁
　　423~436）。花蓮，國立東華大學。

張玉文譯（2000）。知識工作者要懂得自己要做什麼。**遠見雜誌，163**，219-
　　233。

　張志明（2001）。學校領導與知識管理。國立中正大學「**知識管理與教育革新
　　發展研討會**」。

張春興（1997）。**教育心理學**。臺北：東華。

張淑萍　（2000）。**知識管理與資訊科技運用相關性之研究**（未出版碩士論
　　文）。臺灣科技大學，臺北市。

傅振焜（譯）（1994）。Drucker, P. F.著。**後資本主義社會**。臺北：時報出
　　版。

黃秋鑾（2009）。**臺灣地區國民中學校長知識領導、學習社群與學校創新經營
　　效能關係之研究**（未出版之博士論文）。國立臺北教育大學，臺北。

黃麒祐（2003）。**IT 知識管理導論**。臺北：文魁。

葉連祺 （2001）。知識管理應用於教育之課題與因應策略,**教育研究月刊**，89，
　　32-42。

詹棟樑（2001）。**教育人類學**。臺北：五南。

劉京偉譯（2000）。**知識管理**。Arthur Andersen Business Consulting 著。臺北：
　　商周。

劉毓玲（譯）（2005）。Drucker, P. F.著。**典範轉移：杜拉克看未來管理**。臺
　　北：天下文化。

蔡金田（2018）。**學校行政的理念與分析**。臺北：元華文創。

顏秀如（2006）。**國民中小學創新經營與競爭優勢之研究**（未出版之博士論
　　文）。國立臺灣師範大學教育學系，臺北市。

Abramovitz, M. & David, A. (1996). Technological change and the rise of intangible
　　investments: The US economy's growth-path in the twentieth century. In
　　Empolyment and growth the knowledge-based economic(p389). Paris: OECD.

Achenbaum, W. A., & Orwell, L. (1991). Becoming wise: A psychogerontological
　　interpretation ofthe book of Job. *International Journal of Aging and Human
　　Development, 32* (1), 21-39.

Ackoff, R. L. (1989). From data to wisdom. *Journal of Applied Systems Analysis,
　　16,* 3–9.

Addelson, K. P. (1983). The man of professional wisdom. InS. Harding & M. B.
　　Hintikka (Eds.), *Discovering reality: Feminist perspectives on epistemology,
　　metaphysics, methodology, and philosophy of science* (pp. 165-186). Boston: D.
　　Reidel Publishing Company.

Alavi, M., & Leidner, D. (1999). Knowledge management systems: Issues,
　　challenges and benefits. *Communications of the Association for Information
　　Systems, 1*(7), 2–36.

Aldwin, C. M. (2009). Gender and wisdom: A brief overview. *Research in Human
　　Development, 6*(1), 1–8.

Alter, S. (1999). *Information systems: A management perspective*. Auckland, New Zealand: Addison-Wesley Publishing Co.

AM Azure Consulting Ltd (2008). *The seven pillars of leadership wisdom*. Retrieved from http://coachingpartners.co.nz/wp-content/uploads/The-Seven-Pillars-of-Leadership-Wisdom-article.pdf

Amabile, T. M. (1996). *Creativity in context*. Boulder CO: Westview.

Amidon, D. M. & Macnamara, D. (2000). *7C' of knowledge leadership: Innovating our Future*. Retrieved from

t: http://www.entovation.com/whatsnew/leadership-7cs.htm

Anderson, J. R. (1983). *The architecture of cognition. Cambridge*. MA: Harvard University Press.

Antonakis, J., Cianciolo, A. & Sternberg R. J. (2004). *The nature of leadership* Thousand Oaks CA: Sage.

Ardelt, M. (1997). Wisdom and life satisfaction in old age. *Journal of Gerontology: Psychological Sciences, 52B*(1), 15–27.

Ardelt, M. (2000). Antecedents and effects of wisdom in old age: A longitudinal perspective on aging well. *Research on Aging, 22*, 360–394.

Ardelt, M. (2003). Empirical assessment of a three-dimensional wisdom scale. *Research On Aging, 25*(3), 275–324.

Ardelt, M. (2004). Wisdom as expert knowledge system: a critical review of a contemporary operationalization of an ancient concept. *Human Development, 47*,257–85.

Argyris, C.(1999). Tacit knowledge in management. In R. J. Sternberg & J.

Assmann, A. (1994). Wholesome knowledge: Concepts of wisdom in a historical and cross-cultural perspective. In D.L. Featherman, R.M. Lerner, & M. Perlmutter (Eds.), *Life-span development and behavior* (Vol. 12, pp. 187–224).

143

Hillsdale, N.J.: Lawrence Erlbaum.

Awad, E. M., & Ghaziri, H. M. (2004). *Knowledge management*. Upper Saddle River, NJ: Prentice Hall.

Bachkirova, T., Elaine, C., & David, A. C. (2010). Introduction' in The Complete *Handbook of Coaching*, eds Tatiana Bachkirova, Elaine Cox and David Ashley Clutterbuck. London, SAGE Publications.

Baggini, J., & Fosl, P. S. (2007). *The ethics toolkit: A compendium of ethical concepts and methods*. Malden: Blackwell Publishing.

Baker, N. N., & Hoy, W. K. (2001). Tacit knowledge of school superintendents: Its nature, meaning, and context. *Journal of Educational Administration, 37*(1), 86-129.

Baltes, P. B., & Kunzmann, U. (2003). Wisdom: The peak of human excellence in the orchestration of mind and virtue. *The Psychologist, 16*(3), 131–133.

Baltes, P. B., & Kunzmann, U. (2004). The two faces of wisdom: Wisdom as a general theory of knowledge and judgment about excellence in mind and virtue vs. wisdom as everyday realization in people and products. *Human Development, 47*(5), 290–299.

Baltes, P. B., & Smith, J. (1990). Toward a psychology of wisdom and its ontogenesis. In R. J. Sternberg (Ed.), *Toward a psychology of wisdom and its ontogenesis* (pp. 87–120). New York: Cambridge University Press.

Baltes, P. B., & Smith, J. (1997). A systemic-holistic view of psychological functioning in very old age: Introduction to a collection of articles from the Berlin aging study. *Psychology & Aging, 12*(3), 395-409.

Baltes, P. B., & Staudinger, U. M. (2000). Wisdom: A metaheuristic (pragmatic) to orchestrate mind and virtue toward excellence. *American Psychologist, 55*(1), 122–136.

Baltes, P.B. (1993). The aging mind: Potential and limits. *The Gerontologist, 33*,

580–594.

Baltes, P.B., & Staudinger, U.M. (1993). The search for a psychology of wisdom. Current Directions. *Psychological Science, 2*, 75–80.

Baltes, P.B., Staudinger, U.M., Maercker, A., & Smith, J. (1995). People nominated as wise: A comparative study of wisdom-related knowledge. *Psychology and Aging, 10*, 155–166.

Barrett, R. (n.d.). *The Seven Levels of Leadership Consciousness*. Retrieved from https://www.valuescentre.com/sites/default/files/uploads/2010-07-06/The%207%20Levels%20of%20Leadership%20Consciousness.pdf

Barron, F. (1988). Putting creativity to work. In R. J. Sternberg (Ed.). *The nature of creativity.* New York: Cambridge University Press.

Barry III, H., & Elovitz, P. (1992). Psycho biographical explorations of Clinton and Perot. *The Journal of Psychohistory, 20* (2), 197-216.

Bass, B. M. & Avolio, B. J. (1994). *Improving organizational effectiveness through transformational leadership* Thousand Oaks CA: Sage.

Bass, B. M. (1998). *Transformational leadership Industrial military and educational impact* Mahwah, NJ: Lawrence Erlbaum Associates.

Bass, B. M., Avolio, B. J. & Atwater, L. (1996). The transformational and transactional leadership of men and women international *Review of Applied Psychology, 45*, 5–34.

Beauchamp, T. L. (1991). *Philosophical ethics: An introduction to moral philosophy* (2nd ed.). New York: McGraw-Hill.

Begley, A. M. (2006). Facilitating the development of moral insight in practice: Teaching ethics and teaching virtue. *International Journal for Healthcare Professionals, 7*(4), 257–265.

Bereuter, C., & Scardamalia, M. (1993).*Surpassing ourselves: An inquiry into the nature and implication of expertise*. Chicago: Open Court.

Bianchi, E. C. (1994). *Elder wisdom: Crafting your own elderhood*. New York: Crossroad.

Bierly III, P. E., Kessler, E. H., & Christensen, E. W. (2000). Organizational learning, knowledge and wisdom. *Journal of Organizational Change Management, 13*(6), 595–618.

Biloslavo, R., & McKenna, B. (2011). Wisdom and transformational leadership: A conceptual model. *The Seventh International Critical Management Studies (CMS) Conference*, 11-13 July. Naples.

Binet, A. & Simon, T. (1905). Méthodes nouvelles pourle diagnostic duniveau intellectuel desanormaux. *L'Année Psychologique, 11*, 191–336.

Binet, A. (1916). New methods for the diagnosis of the intellectual level of subnormals. In Kite, E. S. (Trans.) *The development of intelligence in children*. Vineland, NJ: Publications of the Training School at Vineland.

Birren, J. E., & Fisher, L. M. (1990). The elements ofwisdom: overview and integration. In R. J. Sternberg (Ed.), *Wisdom: its nature, origins, and development* (pp. 317-332). Cambridge, MA: Cambridge University Press.

Birren, J. E., & Svensson, C. M. (2005). Wisdom in history. In R. J. Sternberg & J. Jordan (Eds.), *A handbook of wisdom: Psychological perspectives* (pp. 3–31). New York, NY: Cambridge University Press.

Blasi, P. (2006). The European university - Towards a wisdom-based society. *Higher Education in Europe, 31*(4), 403–407.

Bluck, S. & Glück, J.(2005). From the inside out: people's implicit theories of wisdom. In *A Handbook of Wisdom: Psychological Perspectives*, ed. RJ Sternberg, J Jordan, pp. 84–109. New York: Cambridge Univ. Press

Bluck, S., & Glück, J. (2004). Making things better and learning a lesson:

Experiencing wisdom across the lifespan. *Journal of Personality, 72*(3), 543-572.

Bourdreau, A., & Couillard, G. (1999). Systems integration and knowledge management. *Information systems management, 16*(4), 24–32.

Bowlingh, C. J. (n.d.). *New Approaches to Leadership Formation: Moving From Knowledge to Wisdom* Retrieve from ttps://www.leadershipeducators.org/Resources/Documents/Conferences/Lexington/Bowling.pdf

Brugman, G. (2006). Wisdom and aging. In *Handbook of the Psychology of Aging*, ed. JE Birren, KW Schaie, RP Abeles, pp. 445–76. San Diego, CA: Academic.

Capshaw, S., & Koulopoulos, T. M. (1999). *Knowledge leadership*. Retrieved From http://www.dmreview.com/article_su b.cfm?articleId=20.

Caruso, D. R., Mayer, J. D. & Salovey, P. (2002). Emotional intelligence and emotional leadership. In R. E. Riggio, S. E. Murphy and F. J. Pirozzolo. *Multiple intelligences and leadership*. Mahwah, NJ: Lawrence Erlbaum Associates.

Case, P. (2013). Cultivation of wisdom in the Theravada Buddhist tradition: Implications for contemporary leadership and organization. In W. Küpers & D. J. Pauleen (Eds.), *Handbook of practical wisdom: Leadership, organization and integral business practice*. Aldershot: Gower.

Cattell, R.B. (1971). *Abilities: Their structure, growth, and action*. Boston, MA: Houghton Mifflin.

Cavaleri, S., Seivert, S., & Lee, L. W. (2005). *Knowledge leadership: The art and science of knowledge-based organization*. London, Elsevier Butterworth Heinemann.

Chalmers, D. (1996). *The conscious mind: In search of a fundamental theory*.

Oxford: Oxford University Press.

Chalmers, D. (2004). How Can We Construct a Science of Consciousness? in M. Gazzaniga (ed.), *The Cognitive Neurosciences III*. Massachusetts: MIT Press.

Chandler MJ, & Holliday S. (1990). *Wisdom in a postapocalyptic age*. See Sternberg 1990, pp. 121–41

Charness, N., & Bosman, E.A. (1990). Expertise and aging: Life in the lab. In T.M. Hess (Ed.), *Aging and cognition: Knowledge organization and utilization* (pp. 343–385). Amsterdam: Elsevier Science Publishers B.V. (North-Holland).

Chi, M., Glaser, R., & Farr, M. (1988). *The nature of expertise*. Hillsdale, NJ: Lawrence Erlbaum.

Chinen, A. B. (1984). Modal logic: A new paradigm of development and late-life potential. *Human Development, 27*, 42–56.

Clayton, V. (1975). Erikson's theory of human development as it applies to the aged: Wisdom as contradictory cognition. *Human Development, 18*(119-128).

Clayton, V. (1976). *A multidimensional scaling analysis of the concept of wisdom*. Dissertation, Univeristy of Southern California, Graduate School, Psychology.

Clayton, V. (1982). Wisdom and Intelligence: The nature and function of knowledge in the later years. *International Journal of Aging and Human Development, 15*(4), 315–320.

Clayton, V., & Birren, J. E. (1980). The development of wisdom across the life-span: A re-examination of an ancient topic. In P. B. Baltes & O. G. Brim Jr. (Eds.), *Life-span development and behavior* (Vol. 3, pp. 103–135). New York: Academic Press.

Clayton, V.P., & Birren, J.E. (1980). The development of wisdom across the life-span: A reexamination of an ancient topic. In P.B. Baltes & O.G. Brim Jr. (Eds.), *Life-span development and behavior* (Vol. 3, pp. 103–135). New York:

Academic Press.

Conger, J. A. & Kanugo, R. N. (1998). *Charismatic leadership in organizations* Thousand Oaks, CA: Sage Publications.

Covey, S. (1989). *The Seven Habits of Highly Effective People: Restoring the Character* Ethic. New York, NY: Simon & Schuster.

Crowson, R. （1989）.Managerial ethics in education administration: The rational choice approach. *Urban Education, 23*（4）,412-435.

Csikszentmihalyi, M., & Rathunde, K. (1990). The psychology ofwisdom: An evolutionary interpretation. In R. J. Sternberg (Ed.), *Wisdom: its nature, origins, and development* (pp. 25-51). Cambridge: Cambridge University Press.

Curnow, T. (1999). *Wisdom, Intuition and Ethics*. Aldershot, UK: Ashgate.

Dahlsgaard, K., Peterson, C., & Seligman, M. E. P. (2005). Shared virtue: The convergence of valued human strengths across culture and history. *Review of General Psychology, 9*(3), 203–213.

Davenport, T. H., & Prusak, L. (1998). *Working knowledge: How organizations manage what they know*. Boston, MA: Havrvard Business School Press.

Davies, B., & Davies, B. J. (2010). The nature and dimensions of strategic leadership. International Studies . *Educational Administration, 38*(1), 5-21.

Dittmann-Kohli, F., & Baltes, P.B. (1990). Toward a neofunctionalist conception of adult intellectual development: Wisdom as a prototypical case of intellectual growth. In C.N. Alexander & E.J. Langer (Eds.), *Higher stages of human development. Perspectives on adult growth* (pp. 54–78). New York: Oxford University Press.

Divine, L. (2009). Looking AT and Looking AS the client: the quadrants as a type structure lens. *Journal of Integral Theory and Practice, 4*(1), 21–40

Edwards, M. G. (2013). Wisdom and integrity: Metatheoretical perspectives on integrative change in an age of turbulence. In W. M. Küpers & D. J. Pauleen(Eds.), A handbook of practical wisdom: Leadership, organization and integral business practice (pp. 197–216). Surrey: Gower.

Esbjörn-Hargens, S. (2009). Executive Editor's note. *Journal of Integral Theory and Practice, 4*(1), iv–v.

Etheredge, L. S. (1992). Wisdom and good judgment in politics. *Political Psychology, 13*(3), 497–516.

Etheredge, L. S. (2005). Wisdom in public policy. In R. J. Sternberg & J. Jordan (Eds.), A handbook of wisdom: Psychological perspectives (pp. 297–328). Cambridge: Cambridge University Press.

Eysenck, H. J. & Eysenck, M. W. (1985). *Personality and individual differences: A natural science approach*. New York, NY: Plenum.

Fancher, R. E. (1985). *The intelligence men: Makers of the IQ controversy*. New York, NY: W. W. Norton & Company.

Faucher, J.-B. P. L., Everett, A. M., & Lawson, R. (2008). Reconstituting knowledge management. *Journal of Knowledge Management, 12*(3), 3–16.

Fearn, N. (2005). *Philosophy: The latest answers to the oldest questions*. London: Atlantic Books.

Feldman, D. H., Csikszentmihalyi, M. & Gardner, H. (1994). *Changing the world A framework for the study of creativity* Westport, CT: Praeger).

Ferguson, M. (1980). *The Aquarian Conspiracy: Personal and Social Transformation in the 1980's*. Los Angeles: Tarcher.

Finke, R. A., Ward, I. B. & Smith, S. M. (1992). Creative cognition Theory research and applications. Cambridge, MA: MIT Press.

Foray, D. & Lunduall, B. (1996) · The Knowledge-based Economy: From the Economies Of Knowledge to the Learning Economy. In OECD (Ed.). *Empolyment and growth in the knowledge-based economic*. Paris: OECD.

Ford, M. E.(1986).For practical purpose: Criteria for defining and evaluating practical intelligence. In R. J. Sternberg & R. K. Wagner(Eds.), *Practical intelligence*(pp.183-202).New York: Cambrige University press.

Frankl, V. (1981). *The Will to meaning: Foundations and applications of logotherapy*. New York, NY: Meridan.

Frankl, V. (1984). *Man's search for meaning*. New York, NY: Simon & Schuster.

Fredericksen, N. (1986) Toward a broader conception of human intelligence. In R. J. Sternberg & R. K. WAGNER(Eds.), *Practical intelligence*(pp. 84-118). New York: Cambrige University press.

Frensch, P. A. & Sternberg, R. J. (1989). Expertise and intelligent thinking: When is it worse to know better? In R. J. Sternberg (Ed.). *Advances in the psychology of human intelligence*. Hillsdale, NJ: Erlbaum.

Frost, L. L. (2009). Integral perspectives on coaching: An analysis of integral coaching .*Journal of Integral Theory and Practice, 4*(1), pp. 93–120

Gardner, H. (1983). *Frames of mind: The theory of multiple intelligences.* New York: Basic Book Inc.

Gardner, H. (1993). *Creating minds* New York: Basic Books.

Gardner, H. (1995). *Leading minds* New York: Basic Books.

Gardner, H. (1997). Is there a moral intelligence? In M. Runco (Ed.), *The creativity research handbook*. Cresskill, NJ: Hampton Press.

Gardner, H. (1999). *The disciplined mind: What all students should understand?* New York: Simon & Schuster.

Gardner, H., & Hatch, T. (1989). Multiple intelligences go to school: Educational implications of the theory of multiple intelligences. *Educational Researcher, 18*(8), 4-9.

Garman(1986 Fall).Reflection, the heart of clinical supervision: A modern rationale for professional practice. *Journal of Curriculum and Supervision, 2,* 1-24.

Gayle, R. (2011). Befriending wisdom. *Analytic Teaching And Philosophical Praxis, 31*(1), 70–78.

Gibson, P. S. (2008). Developing practical management wisdom. *Journal of Management Development, 27*(5), 528–536.

Glass, T, Bjork, L., & Brunner, C. (2000). . *The 2000 study of the American school superintendence: A look at the superintendent of education in the new millennium. Arlington.* VA: American association of School Administrators.

Glass, T.(1992).*The 1992 study of the American school superintendence*. Arlington, VA: American association of School Administrators.

Glendenning, F. (1995). Education for older adults: Lifelong learning, empowerment, and social change. In J.F. Nussbaum & J. Coupland (Eds.), *The handbook of communication and aging research* (pp. 467–498). Mahwah, NJ: Lawrence Erlbaum.

Glück&Bluck.(2007).Lookingbackacrossthelifespan:alifestoryaccountofthereminisc encebump.*Mem. Cognit. 35,*1928–39

Glück, J. (2010). There is no bitterness when she looks back wisdom as a developmental opposite of embitterment? In *Embitterment: From biology to society*, ed. M Linden, A Maercker. Vienna: Springer Verlag. In press

Glück, J., & Baltes, P. B. (2006). Using the concept of wisdom to enhance the expression of   isdom knowledge: Not the philosopher's dream but differential effects of developmental preparedness. *Psychology & Aging, 21*(4), 679-690.

Glück, J., & Bluck, S. (2011). Laypeople's conceptions of wisdom and its development: Cognitive and integrative views. *The Journals of Gerontology, 66*(3), 321–324.

Goleman, D. (1995). *Emotional intelligence: Why it can matter more than IQ*. New York, NY: Bantam.

Goleman, D. (1998a). *Working with emotional intelligence* New York: Bantam.

Goleman, D. (1998b). What makes a good leader? *Harvard Business Review November-December*, 93–102.

Greene, J. A., & Brown, S. C. (2009). The wisdom development scale: Further validity investigations. *International Journal of Aging and Human development, 68*(4), 289–320.

Habermas,J.(1971).*Knoweledge and human interests,trans*.Jeremy,J.Shapiro.Boston: Beacon Press.

Hakim, A. B. (2006). *Historical introduction to Philosophy* (5th ed.). New Jersey: Upper Saddle River.

Halpern, D. F. (2001). Why wisdom? *Educational Psychologist, 36*(4), 253–256.

Harem,T.,Krogh,Gv & Roos,J.(1996). *Knoweledge-base strategics chang*.London: SAGE Publication.

Hargraves, D. (2000) Knowledge Economy and Education. Presented at *OECD CERI Governing Board, 24th* March.

Harris, L., & Kuhnert, K. (2008). Looking through the lens of leadership: A constructive developmental approach. *Leadership and Organizational Development Journal, 29*(1), 47-67.

Harwood, L. D. (2011). Sagely wisdom in Confucianism. *Analytic Teaching And Philosophical Praxis, 31*(1), 56–63.

Hedlund, I., Forsythe, G. B., Horvath, J. A., Williams, W. M., Snook S. & Sternberg R. J. (2003). Identifying and assessing tacit knowledge: Understanding the practical intelligence of military leaders. *Leadership Quarterly, 14*, 117–140.

Helson, R., & Srivastava, S. (2002). Creative and wise people: Similarities, differences and how they develop. *Personality and Social Psychology, 28*, 1430–1440.

Hewlett, R. (2006).The cognitive leader: Building winning organizations through knowledge leadership.In Lanham, MD: Roman & Littlefield Education. Horvath(Eds.), *Tacit knowledge in professional Practice: Researcher and Perspectives*(pp. 123-140).Mahwah, NJ: Lawrence Erlbaum.

Highland Consulting Group (n.d.).*The leadership wheel & the wisdom of the five directions*. Retrieve from http://askroxi.com/PDFs/LEADERSHIP_WHEEL-ASK_ROXI.pdf

Holliday, S. G., & Chandler, M. J. (1986). *Wisdom: Explorations in adult competence*. New York: Karger.

Holsapple C.W.& Joshi, M.(2001). The knowledge chain model: Activities for competitiveness.*Expert Systems with Application,20*,77-98.

Holsapple, C., W., & Singh, M. (2001). The knowledge chain model: Activities for competitiveness. *Expert Systems with Applications, 20 (*1),77-98.

Horn, J.L. (1970). Organization of data on life-span development of human abilities. In L.R. Goulet & P.B. Baltes (Eds.), *Life-span developmental psychology: research and theory* (pp. 423–466). New York: Academic Press.

Horvath(Eds.),*Tacit knowledge in professional Practice: Researcher and Perspectives*(pp. 123-140).Mahwah, NJ: Lawrence Erlbaum.

Horvath, J. A., Williams, W. M., Forsytie, G. B., Sweeney, P.J., Sternberg , R. J., McNally, J. A., & Wattendorf, J.(1994a).*Tacit knowledge in military leadership: A review of the literature*(technical report 1017).Alexandria, VA. United States Army Research Institute for the Behavioral and Social Sciences.

Horvath, J. A., Williams, W. M., Forsytie, G. B., Sweeney, P.J., Sternberg , R. J., McNally, J. A., & Wattendorf, J.(1994).*Tacit knowledge in military leadership: Evidence from officer interviews*（technical report 1018）. Alexandria, VA. United States Army Research Institute for the Behavioral and Social Sciences.

Hunt, J. (2009a). Transcending and including our current way of being: an introduction to Integral Coaching. *Journal of Integral Theory and Practice, 4*(1), 1–20

Hunt, J. (2009b). Transformational conversations: the four conversations of integral coaching. *Journal of Integral Theory and Practice, 4*(1), 69–92

Information Technology Advisory Group (1999). *The knowledge economy.* Wellington: ITAG.

International Business Machines Corporation. (2017). *Smart education*. Retrieved from file:///C:/Users/Tsai/Downloads/Smarter%20Planet%20POV%20-%20Education.pdf:/Users/Tsai/Downloads/Smarter%20Planet%20POV%20-%20Education.pdf

Intezari, A(2013). *Wisdom and Decision Making: Grounding Theory in Management Practice*. Management Practice Doctor of Philosophy. at Massey University, Albany, Auckland. New Zealand.

Intezari, A., & Pauleen, D. J. (2013). Looking beyond knowledge: Can wisdom be nurtured in management programs? 73rd Annual Meeting of the Academy of Management (AoM), August 9-13, Lake Buena Vista (Orlando), Florida, USA.

Jafari, A. (2003). Project Management in the Age of Complexity and Change. Project. *Management Journal 34*(4), 47-57.

Jakonen, J. P. & MPPinen, M. (2015). Creating wisdom cultures Integral Coaching as applied foresight in leadership development. *Approaching Religion. 5*(2), 15-26.

Jashapara, A. (2004). *Knowledge management: An integrated approach*. Harlow: FT/Prentice Hall.

Jason LA, Reichler A, King C, Madsen D, Camacho J, Marchese W. (2001). *The measurement of wisdom: A preliminary effort*. J. Commun. Psychol. 29, 585–98

Jensen, A. R. (1998). *The g factor.* Westport, CI: Greenwood/Praeger.

Jeste, D. V, Ardelt, M., Blazer, D., Kraemer, H. C., Vaillant, G., & Meeks, T. W. (2010). Expert consensus on characteristics of wisdom: A Delphi method study. *The Gerontologist, 50*(5), 668–80.

John, E., Barbuto, Jr & Millard, M.L. (2012). Wisdom development of leaders: A constructive developmental perspective. *International Journal of Leadership Studies, 7*, 234-245.

Johnson, R. E. (1979). *A study of wisdom as reported by older adults in America*. Unpublished doctoral dissertation, The Wright Institute.

Johnson, S. M.(1996).*Leading to change: The change of the new superintendence.* San Francisco: Jossey-Bass.

Kangas, L. M. (2006). *An assessment of the relationship between organizational culture and continuous knowledge management initiatives*. Doctor dissertation, Capella University, Minnesota. Retrieved from Dissertations & Theses: A&I database. (Publication No. AAT 3196728).

Kati, N. S. &Dick, P. (2018). *68％執行長還沒準備好就任*.取自 https://www.hbrtaiwan.com/article_content_AR0008239.html?utm_source=Pus

hNotification&utm_medium=GH_PushEngage&utm_campaign=1808pushenga
ge

Kaufman, A. (2000). Tests of intelligence. In R. J. Sternberg (Ed.). *Handbook of intelligence*. New York: Cambridge University Press.

Kegan, R. (1982). *The evolving self: Problem and process in human adult development*, Harvard University Press, Cambridge, MA.

Kegan, R. (1994). *In over our heads: The mental demands of modern life*, 2nd ed., Harvard University Press, Cambridge, MA.

Kegan, R. (2009). *Immunity to Change: How to Overcome it and Unlock the Potential in Yourself and Your Organization*. Cambridge, Harvard Business Review Press

Kekes, J. (1983). Wisdom. *American Philosophical Quarterly, 20* (3), 277-286.

Kekes, J. (1995). Moral wisdom and good lives. Ithaca, NY: Cornell University Press.

Kennedy, M. M.(1987). Inexact sciences:Professional and development of expertise. In E. Z. Rothkopf(Ed.),*Review of research in education*. Washington, DC: American Educational Research Association.

Khandwalla, P. H. (1985). Management and intuition. *Vikalpa, 10* (3), 236-238.

King, J. (1999). On Seeking First to Understand. *Teaching Business Ethics, 3*,.130-136.

Kleimann, B. (2013). University presidents as wise leaders? Aristotle's phrónêsis and academic leadership in Germany. In W. M. Küpers & D. J. Pauleen(Eds.), *A handbook of practical wisdom: Leadership, organization and integral business practice* (pp. 175–195). Surrey: Gower.

Klemp, G. O., & McClelland, D. C.(1986).What characterizes intelligent functioning among senior managers? In R. J. Sternberg & R. K. Wanger (Eds.),*Practical intelligence*(pp.31-50). New York: Cambrige University press.

Klichowski, M., Bonanno, P., Jaskulska, S., Costa, C. S., Lange, M., & Klauser, F. R. (2015). CyberParks as a new context for smart education: theoretical background, assumptions, and pre-service teachers' rating. *American Journal of Educational Research, 3*(12), 1-10.

Kodish, S. (2006). The paradoxes of leadership: The contribution of Aristotle. *Leadership, 2*(4), 451–468.

Kofman, F. (2006). *Conscious Business: How to Build Value through Values.* Boulder, Sounds True.

Kok, A. (2009). Realizing wisdom theory in complex learning networks. *Electronic Journal of e-Learning, 7*(1), 53–60.

König, S., & Glück, J. (2013). Individual differences in wisdom conceptions: Relationships to gratitude and wisdom. International *Journal of Aging and Human Development, 77*(2), 127–147.

Korac-Kakabadse, N., Korac-Kakabadse, A., & Kouzmin, A. (2001). Leadership renewal: Towards the philosophy of wisdom. *International Review of Administrative Sciences, 67*(2), 207–227.

Koulopoulos, T. M., & Frappaolo, C. （1999）.*Knowledge management*. Oxford, UK: Capstone.

Kramer, D. A. (1990). Conceptualizing wisdom: the primacy of affectcognition relations. In R. J. Sternberg (Ed.), *Wisdom: its nature, origins, and development* (pp. 279-313). Cambridge: Cambridge University Press.

Kramer, D.A. (2000). Wisdom as a classical source of human strength: Conceptualization and empirical inquiry. *Journal of Social and Clinical*

Psychology, 19, 83–101.

Kreiner, K. (2002). Tacit knowledge management: The role of artifacts. *Journal of Knowledge Management, 6*(2), 112–123.

Krogh Johan Roos(Ed). *Managing knoweledge-perspectives on cooperation and competition*, SAGE Publication.

Kunzmann, U. (2004). Approaches to a good life: The emotional-motivational side ot wisdom. In P. A. Linley, S. Joseph, & M. E. P. Seligman (Eds.), *Positive Psychology in Practice* (pp. 504–517). Hoboken, NJ: Wiley.

Kunzmann, U., & Baltes, P. B. (2005). The psychology of wisdom: Theoretical and empirical challenges. In R. J. Sternberg & J. Jordan (Eds.), *Handbook of wisdom: Psychological perspectives* (pp. 110–135). New York: Cambridge University Press.

Kunzmann, U., & Baltes, P.B. (2003). Beyond the traditional scope of intelligence: Wisdom in action. In R.J. Sternberg, J. Lautrey, et al. (Eds.), *Models of intelligence: International perspectives* (pp. 329–343). Washington, DC: American Psychological Association.

Küpers, T. A. (2005). Phenomenology and integral pheno-practice of embodied well-being. *Organisations Culture and Organization, 11*(3), 221-232.

Küpers, W. M. (2007). Phenomenology and integral pheno-practice of wisdom in leadership and organization. *Social Epistemology, 21*(2), 169–193.

Labouvie-Vief, G. (1990). Wisdom as integrated thought: Historical and developmental perspectives. In R.J. Sternberg (Ed.), *Wisdom: Its nature, origins, and development* (pp. 52–83). Cambridge, UK: Cambridge University Press.

Labouvie-Vief, G., & Diehl, M. (2000). Cognitive complexity and cognitive-affective integration: Related or separate domains of adult development? *Psychology & Aging, 15*(3), 490-504.

159

Laloux, F. (2014). *Reinventing organizations: A guide to creating organizations inspired by the next stage in human consciousness*. Brussels, Nelson Parker.

Le, T. N. (2008). Cultural values, life experiences, and wisdom. *International Journal of Aging & Human Development, 66*(4), 259-281.

Le, T. N., & Levenson, M. R. (2005). Wisdom as self-transcendence: What's love (& individualism) got to do with it? *Journal of Research in Personality, 39*(4), 443-457.

Le, T. N., & Levenson, M. R. (2005). Wisdom as self-transcendence: What's love (& individualism) got to do with it? *Journal of Research in Personality, 39*(4), 443-457.

Leithwood, K., & Steinbach, R. (1995), *Expert problem solving.* State University of New York Press, Albany

Lester, S. (1994). *On professionalism and professionality*. Retrieved 1/19/04 from website: http://www.devmts.demon.co.uk/profnal.htm

Lethwood, K., & Steinbach, R.(1995). *Expert problem solving: Evidence from school and district leaders.* Albany: State University of New York Press.

Levenson, M.R., Jennings, P.A., Aldwin, C.M.& Shiraishi, .RW. (2005). Self-transcendence: conceptualization and measurement. *Int. J. Aging Hum. Dev. 60,*127–143.

Levitt, H.M. (1999). The development of wisdom: An analysis of Tibetan Buddhist experience. *Journal of Humanistic Psychology, 39,* 86–105.

Lewis, T., Amini, F. & Lannon, R. (2000). *A general theory of love.* New York, NY: Random House.

Liebowitz, J. (2000). Building organizational intelligence: A knowledge management primer. New York: CRC Press.

Liew, A. (2013). DIKIW: Data, information, knowledge, intelligence, wisdom and their interrelationships. *Business Management Dynamics, 2*(10), 49–62.

Limerick, D., Cunnington, B. and Crowther, F. (1998). *Managing the new organisation. collaboration and sustainability in the postcorporate world*. Sydney: Business and Professional Publishing.

Lincoln, Y. S. & Guba, E. G.(1989).*Forth generation evaluation*. Newbury Park: Sage publication.

Llinas, R., Ribary, U., Contreras, D. & Pedroarena, C. (1998). The neuronal basis for consciousness. *Philosophical Transactions of the Royal Society of London, 353*, 1841-1849.

Lloyd, B. (2006). *Wisdom & leadership: linking the past, present & future*. Retrieve from http://www.wisdompage.com/blloyd02.html

Lombardo, T. (2010). *Wisdom facing forward: What it means to have heightened future consciousness*. The Futurist, September-.

Manheimer, R.J. (1992). Wisdom and method: Philosophical contributions to gerontology. In T.R. Cole, D.D. Van Tassel, & R. Kastenbaum (Eds.), *Handbook of the humanities and aging* (pp. 426–440). New York: Springer

Marchant, G., & Robinson, J.(1999).Is knowing the tax code all it takes to be a tax expert? On the development of legal expertise. In R. J. Sternberg & J. A. Horvath(Eds.),*Tacit knowledge in professional practice*(pp.155-182). Mahwah, NJ: Lawrence Erlabum.

Maryam, A. & Leidner, D. E. (2001). Knowledge management and knowledge management systems: Conceptual foundations and research issues. *MIS Quarterly, 25*(1). 107-136.

Maxwell, N. (2012). How universities can help humanity learn how to resolve the crises of our times - from knowledge to wisdom: The University College

London experience. In D. Rooney & G. Hearn (Eds.), *Handbook on the knowledge economy*, Volume two (pp. 158–180). Cheltenham, UK: Kastelle, Tim.

McKenna, B., & Rooney, D. (2007). Wisdom in organizations: Whence and whither. *Social Epistemology, 21*(2), 113–138.

McKenna, B., & Rooney, D. (2009). Book review: Kessler, E. H. & Bailey, J. R. (Eds.) Handbook of organizational and managerial wisdom, 2007 Sage. *Organization Studies, 30*(4), 447–449.

McKenna, B., Rooney, D., & Boal, K. B. (2009). Wisdom principles as a meta-theoretical basis for evaluating leadership. *The Leadership Quarterly, 20*, 177–190.

McKenna, B., Rooney, D., & Hays, J. M. (2011). Wisdom and the good life. *Philosophy of Management, 10*(1), 1–8.

McKenna, B., Rooney, D., & ten Bos, R. (2007). Wisdom as the old dog.with new tricks. *Social Epistemology, 21*(2), 83–86.

Meacham, J. A. (1982). Wisdom and the context of knowledge: Knowing that one doesn't know. In D. Kuhn & J. A. Meacham (Eds.), *On the development of developmental psychology* (pp. 222-134). Basil, Switzerland:Karger.

Meacham, J. A. (1990). The loss of wisdom. In R. J. Sternberg (Ed.), *Wisdom: Its nature, origins, and development* (pp. 181–211). New York: Cambridge University Press.

Meeks, T. W., & Jeste, D. V. (2009). Neurobiology of wisdom: A literature overview. *Archives of General Psychiatry, 66*(4), 355–365.

Melé, D. (2010). Practical wisdom in managerial decision making. *Journal of Management Development, 29*(7/8), 637–645.

Mengel, T. (2004). *From Responsibility to Values-Oriented Leadership - 6 Theses on*

Meaning and Values in Personal Life and Work Environments. International Network on Personal Meaning. Positive Living E-Zine. Retrieve from http://www.meaning.ca/articles04/mengel-responsibility.htm

Mengel, T. (2005). *Wisdom and knowledge – leadership in balance.* Retrieve from http://citeseerx.ist.psu.edu/viewdoc/download?doi=10.1.1.463.3180&rep=rep1&type=pdf

Mickler, C., & Staudinger, U. M. (2008). Personal wisdom: Validation and age-related differences of a performance measure. *Psychology & Aging, 23*(4), 787-799.

Miller, W. C. & Miller, D, R.(2006). *Wisdom leadership: exploring its relation to spirituality.* Retrieve from http://lrrpublic.cli.det.nsw.edu.au/lrrSecure/Sites/Web/13289/ezine/year_2006/nov_dec/documents/voices_icvet.pdf#page=32

Mitchell,L.K.,Knight,B. G., & Pachana,N. A.(2017). *Wisdom across the ages and its modern day relevance.* Retrieve from https://pdfs.semanticscholar.org/a7b0/e33ccce22a7cb31965a1692ea409f1b4d9b6.pdf

Montgomery, A., Barber, C., & McKee, P. (2002). A phenomenological study ofwisdom in later life. I*nternational Journal of Aging and Human Development, 54*(2), 139–157.

Montgomery, A., Barber, C., & McKee, P. (2002). A phenomenological study ofwisdom in later life. *International Journal of Aging and Human Development, 54*(2), 139–157.

Moody, H. R. (1983). Wisdom and the search for meaning. In *36th Annual Meetings of the Gerontological Society of America*. San Francisco.

Murphy, J.（1995）.The Knowledge Base in School Administration: historical

footings and emerging trends In R, Donmoyer, M. Imber, and J. J. Scheurich
（Eds.）. *The Knowledge Base in Education Administration: multiple*

Nancy S. Nestor-Baker & Wayne K. Hoy （2001）.Tacit Knowledge of School
Superintendent: Its Nature, Meaning, and Content. *Educational Administration
Quarterly ,37*. 1,86-129.

Neisser, U. (1976). General, academic and artificial intelligence. In L. Resnick
(Ed.). *Human intelligence Perspectives on its theory and measurement.*
Norwood, NJ: Ablex.

Neisser, U. (1979). The concept of intelligence. In R. J. Sternberg and D. K.
Detterman (Eds.), *Human intelligence Perspectives on its theory and
measurement.* Norwood, NJ: Ablex.

Nonaka, I. (1994). A dynamic theory of organizational knowledge creation.
Organization Science, 5(1), 17–37.

Nonaka, I., & Konno, N.(1998).The concept of `Ba`: Building of foundation for
knowledge creation. *California Management Review,40(3),*40-47.

Nonaka, I., & Takeuchi, H. (2011). The big idea: The wise leader. *Harvard Business
Review, 89*(5), 58–67.

Nunamaker, Jr., J. F., Romano, Jr., N. C., & Briggs, R. O. (2002).
Increasingintellectual bandwith: Generating value from intellectual capital with
information technology. *Group Decision and Negotiation, 11*, 69–86.

OECD (1996). *The Knowledge-Based Economy*. Paris: OECD.

Orwoll, L., & Achenbaum, W.A. (1993). Gender and the development of wisdom.
Human Development, 36, 274–296.

OrwollL,A.&Perlmutter,M.(1990).*Thestudyofwisepersons:integratingapersonalitype
rspective.*SeeSternberg 1990, pp. 160–77

Ostenfeld, E. N. (2003). Socratic wisdom: The model of knowledge in Plato's early dialogues by H. H. Benson. *The Classical Review, 53*(1), 44–48.

Paine, L. (2003). *Value Shift. Why Companies Must Merge Social and Financial Imperatives to Achieve Superior Performance*. New York, NY: McGraw-Hill.

Pantzar, E. (2000). Knowledge and wisdom in the information society. Foresight, T*he Journal of Future Studies, Strategic Thinking and Policy, 2*(2), 230–236.

Pascual-Leone, J. (1990). An essay on wisdom: Toward organismic processes that make it possible. In R.J. Sternberg (Ed.), *Wisdom: Its nature, origins, and development* (pp. 244–278). Cambridge, UK: Cambridge University Press.

Pascual-Leone, J. (2000). Mental attention, consciousness, and the progressive emergence of wisdom. *Journal of Adult Development, 7*(4), 241-254

Pasupathi, M., & Staudinger, U. M. (2001). Do advanced moral reasoners alsoshow wisdom? Linking moral reasoning and wisdom-related knowledge and judgement. *International Journal of Behavioral Development, 25*(5), 401–415.

Patel, V. L., Groen, G.J.,& Norman, G. R.(1991). Reasoning and instruction in medical curricula. *Cognition and Instruction, 10,* 355-378.

Patel, V., Arocha, J., & Kaufman, D.(1999).Expertise and tacit knowledge in medicine. In R.J. Sternberg & J. Horvath(Eds.), *Tacit in the profession practice: Researcher and practitioner perspectives*(pp. 75-100). Mahwah , NJ: Lawrence Erlabum.

Perdue, L. G. (1990). Cosmology and the social order in the wisdom tradition. In J. G. Gammie & L. G. Perdue (Eds.). *The sage in Israel and the ancient Near East*. (pp. 457-483). Winona Lake, IN: Eisenbrauns.

Perkins, D.(1996). *Outsmarting IQ: The emerging science of learnable intelligence. perspective* . New York: The State University of New York Press.

Polansky, R. (2000). Phronesis on tour: Cultural adaptability of Aristotelian ethical notions. *Kennedy Institute of Ethics Journal, 10*(4), 323–336.

Polanyi, M. (1966). *The tacit dimensions*. Garden City, NY: Doubleday.

Pruzan,P.(2008). Spiritual-based Leadership. *BusinessJournal of Human Values, 14* (2), 101–114.

Quick, S. (1981). The need for recognizing and developing intuitive wisdom. *College Student Journal, 15*, 378-383.

Quinn (1996). Managing professional intellect: Making the most best. *Harvard business review on knowledge management.* Boston: Harvard Business School Press. Retrieved from http//www.skyrme.com/insights/22km.htm

Rappersberger S. (2007). *Weisheit im Buddhismus und im Christentum—Eine Interviewstudie zu impliziten Weisheitstheorien Buddhist and Christian views on wisdom: an interview study of implicit wisdom theories*. Unpubl. master thesis, Univ. Klagenfurt, Austria

Robinson, D. N. (1990). Wisdom through the ages. In R. J. Sternberg (Ed.), *Wisdom: Its nature, origins, and development* (pp. 13–24). New York: Cambridge University Press.

Roca, E. (2007). Intuitive practical wisdom in organizational life. *Social Epistemology, 21*(2), 195–207.

Roca, E. (2008). Introducing practical wisdom in business schools. J*ournal of Business Ethics, 82*(3), 607–620.

Romer, P, M. (1986). Increasing Returns and Long-Run Growth. *Journal of Political Economy, 94*(5), 1002-1037.

Romer, P, M. (1990). Endogenous Technological Change. *Journal of Polit ical Economy, 98*(5), s71-s102.

Rooney, D., & McKenna, B. (2005). Should the knowledge -based economy be a savant or a sage? Wisdom and socially intelligent innovation. *Prometheus,*

23(3), 307–323.

Rooney, D., & McKenna, B. (2009). Knowledge, wisdom and intellectual leadership: A question of the future and knowledge-based sustainability. International *Journal of Learning and Intellectual Capital, 6*(1/2), 52–70.

Rooney, D., Hearn, G., & Kastelle, T. (2012). *Handbook on the knowledge economy.* Volume two. Cheltenham, UK: Edward Elgar.

Rooney, D., Hearn, G., & Ninan, A. (2005). *Handbook on the knowledge economy.* Cheltenham, UK: Edward Elgar.

Rooney, D., McKenna, B., & Liesch, P. (2010). *Wisdom and management in the knowledge economy.* New York: Routledge.

Rosengren A., Orth-Gomer K., Wedel H. & Wilhelmsen L. (1993). Stressful life events, social support, and mortality in men born in 1933. *British Medical Journal, 307,* 1102–1105.

Rowley, J. (2007). The wisdom hierarchy: Representations of the DIKW hierarchy. *Journal of Information Science, 33*(2), 163–180.

Rowley, J., & Slack, F. (2009). Conceptions of wisdom. *Journal of Information Science, 35*(1), 110–119.

Ryan, S. (1996). Wisdom. In K. Lehrer, B. J. Lum, B. A. Slichta, & N. D. Smith(Eds.), *Knowledge, Teaching, and Wisdom* (pp. 233–242). Dordrecht: Kluwer Academic Publishers.

Sallis, Edward & Gary Jones（2002）.*The Role of Leadership in the Promotion of Knowledge Management in Schools.* Michael Fullan Ontario Institute for Studies in Education . University of Toronto.

Salthouse, T.A. (1991). *Theoretical perspectives on cognitive aging.* Hillsdale, NJ: Lawrence Erlbaum.

Saunders, W. L. (1992). The constructivist perspective: Implications and teaching strategies for science. *School Science and Mathematics, 92*, (3), 136-141.

Scharmer, C. O. (2009). *Theory U: Leading from the future as it.* Emerges, San Francisco: Berrett-Koehler.

Schollmeier, P. (1989). Aristotle on Practical Wisdom. *Zeitschrift für philosophische .Forschung, 43*, 124–132.

Schön, D. A. (1983). *The Reflective Practitioner*. New York: Basic Books.

Seligman, M.E.P., & Csikszentmihalyi, M. (2000). Positive psychology: An introduction. *American Psychologist, 55*, 5–14.

Sergiovanni, T. J. （1995）. *The principalship : A reflective practice perspective (3rd.)* .San Francisco, CA: Allyn and Bacon.

Sharma, R. (2005). Five factors of personality and wisdom. *Gyanodaya, 2*(2), 82–87.

Sidle, C. (2007). *The five intelligence of leadership* Retrive from Phttp://uthscsa.edu/Gme/documents/5IntelligencesofLsp.pdf

Simonton, D. K. (1994). *Greatness. Who makes history and why?* New York: Guilford.

Singer, W. & Gray, C. (1995). Visual feature integration and the temporal correlation hypothesis. *Annual Review of Neuroscience, 18*, 555-586.

Skyrme, D. j. (2001). *Knowledge management: Making sense of on oxymoron.* Retrived from http//www.skyrme.com/insights/22km.htm

Slaughter, R. A. (2012). *To see with fresh eyes: Integral futures and the global emergency.* Indooroopilly, Foresight International.

Slaughter, R. A.(1998). Transcending flatland: Implications of Ken Wilber's meta-narrative for Futures Studies. *Futures, 30*(6), 519–533.

Small, M. W. (2004). Wisdom and now managerial wisdom: Do they have a place in management development programs? *Journal of Management Development, 23*(8), 751–764.

Smith, J. & Baltes, P. B. (1990). Wisdom-related knowledge: Age/Cohort differences in response to life-planning problems. *Developmental Psychology, 26*, 494–505.

Smith, J., Staudinger, U.M., & Baltes, P.B. (1994). Occupational settings facilitating wisdom-related knowledge: The sample case of clinical psychologists. *Journal of Consulting and Clinical Psychology, 62*, 989–999.

Spearman, C. (1927). *The abilities of man*. London: Macmillan.

Stacey, R. D. (1993). *Strategic management and organizational dynamics*. London: Pitman.

Statler, M., & Roos, J. (2007). *Everyday strategic preparedness: The role of practical wisdom in organizations*. New York: Palgrave Macmillan.

Staudinger, U. M. & Gl¨uck, J. (2011). *Psychological wisdom research: commonalities and differences in a growing field*. Retrievr from http://www www.annualreviews.org

Staudinger, U. M. (2008). A psychology of wisdom: History and recent developments. *Research in Human Development, 5*(2), 107–120.

Staudinger, U.M., D¨orner. J. &Mickler, C. (2005). Wisdom and personality. In *A Handbook of Wisdom: Psychological Perspectives*, ed. R Sternberg, J Jordan, pp. 191–219. New York: Cambridge Univ. Press

Sternberg, R. J. & Grigorenko, E. L. (2002). *The general factor of intelligence: How general is it?* Mahwah, NJ: Erlbaum.

Sternberg, R. J. & Hedlund, J. (2002). Practical intelligence, g, and work psychology. *Human Performance, 15*, 143–160.

Sternberg, R. J. & Horvath, J. A. (1999). *Tacit knowledge in professional practice.*

Mahwah, NJ: Lawrence Erlbaum Associates.

Sternberg, R. J. & Lubart T. I. (1996). Investing in creativity. *American Psychologist 51*(7), 677–688.

Sternberg, R. J. & Lubart, T. I. (1995). *Defying the crowd: Cultivating creativity in a culture of conformity.* New York: Free Press.

Sternberg, R. J. & O'Hara, L. A. (2000). Intelligence and creativity. In R. J. Sternberg (Ed.), *Handbook of intelligence.* New York: Cambridge University Press.

Sternberg, R. J. & Vroom, V. H. (2002) The person versus the situation in leadership. *Leadership Quarterly, 13*, 301–323.

Sternberg, R. J. (1985). Implicit theories of intelligence, creativity and wisdom. *Journal of Personality and Social Psychology, 49* (3), 607-627.

Sternberg, R. J. (1990). *Understanding wisdom. In R. J. Sternberg (Ed.), Wisdom: Its nature, origins, and development* (pp. 3-9). Cambridge: Cambridge University.

Sternberg, R. J. (1997). *Successful intelligence.* New York: Plume.

Sternberg, R. J. (1998a). Abilities are forms of developing expertise. *Educational Researcher, 27*, 11–20.

Sternberg, R. J. (1998b). A balance theory of wisdom. *Review of General Psychology, 2*(4), 347–365.

Sternberg, R. J. (1999a). Intelligence as developing expertise. *Contemporary Educational Psychology, 24*, 259–375.

Sternberg, R. J. (1999b). A propulsion model of types of creative contributions. *Review of General Psychology, 3*, 83–100.

Sternberg, R. J. (2000). Creativity is a decision. In B. Z. Presseisen (Ed.). T*eaching for intelligence II: A collection of articles*(Arlington Heights,II: Skylight

Training and Publishing Inc). 83–103.

Sternberg, R. J. (2002a). *Wisdom, schooling and society*. Keynote presentation to the 2002 International Thinking Skills Conference, Harrogate, UK.

Sternberg, R. J. (2002b). Successful intelligence: A new approach to leadership. In R. E. Riggio, S. E. Murphy and F. J. Pirozzolo (Eds.), *Multiple intelligences and leadership*(Mahwah, NJ: Lawrence Erlbaum Associates), 9–28.

Sternberg, R. J. (2003a). WICS: A model for leadership in organizations. Academy of management. *Learning and Education 2*, 386–401.

Sternberg, R. J. (2003b) *WICS: A theory of wisdom intelligence and creativity synthesized.* New York: Cambridge University Press.

Sternberg, R. J. (2004) WICS: A model of educational leadership. *The Educational Forum, 68*(2), 108–114.

Sternberg, R. J. (2004a). What is wisdom and how can we develop it? *Annals of the American Academy of Political and Social Science, 591*, 164–174.

Sternberg, R. J. (2007). A systems model of leadership. *American Psychologist, 62*(1), 34-42.

Sternberg, R. J.(1985). *Beyond IQ:A triarchi theory of human intelligence*. New York: Cambrige University press.

Sternberg, R. J.(1996). *Successful intelligence: How practical and creative intelligence determine success in life.* New York: Cambrige University press.

Sternberg, R. J., Kaufman, J. C. & Pretz, J. E. (2002). *The creativity conundrum: A propulsion model of kinds of creative contributions*. Philadelphia, PA: Psychology Press.

Sternberg, R. J., Kaufman, J. C. & Pretz, J. E. (2003). A propulsion model of creative leadership. *Leadership Quarterly, 14*, 455–473.

Sternberg, R. J., Wagner, R. K. & Okagaki, L. (1993) Practical intelligence: The nature and role of tacit knowledge in work and at school. In H. Reese and J. Puckett (Eds.). *Advances in lifespan development.* Hillsdale, NJ: Lawrence Erlbaum Associates.

Sternberg, R. J., Wagner, R. K., Williams, W. M. & Horvath, J. A. (1995) Testing common sense. *American Psychologist, 50*(11), 912–927.

Sternberg, R. J.,Wagner, R. K., William, W. m., & Horvath, J. A. (1995). Testing common sense. *American Psychologist, 50*(11), 912-927.

Sternberg, R.J. (1990a). Wisdom and its relations to intelligence and creativity. In R.J. Sternberg (Ed.), *Wisdom: Its nature, origins, and development* (pp. 142–159). Cambridge, UK: Cambridge University Press.

Sternberg, R.J. (1990b). *Wisdom: Its nature, origins, and development.* Cambridge, UK: Cambridge University Press.

Sternberg, R.J. (1995). In search of human mind. Orlando, FL: Harcourt Beace.

Sternberg, R.J. (2000). *Intelligence and Wisdom.* New York: Cambridge Univ. Press

Sternberg, R.J., Reznitskaya, A.& Jarvin, L. (2007). Teaching for wisdom: What matters is not just what students know, but how they use it. *Lond. Rev. Educ. 5,*143–158.

Sternberg,R.J.(2005). A model of educational leadership: Wisdom, intelligence, and creativity, synthesized. *Ledership in education,*8(4),347-363.

Sternberg,R.J.(2008).*Schoolsshouldnurturewisdom.InTeachingforIntelligence,*edBZ Presseisen,pp.61–88. Thousand Oaks, CA: Corwin. 2nd ed.

Stokes, J. & Richard, J. (2010). *Executive and Leadership Coaching' in The Complete Handbook of Coaching.* London, SAGE Publications.

Takahashi, M.& Bordia, P. (2000). The concept of wisdom: a cross-cultural comparison. *Int. J. Psychol. 35,*1–9.

Takahashi, M.& Overton, W.F. (2002). Wisdom: a culturally inclusive developmental perspective. *Int. J. Behav. Dev. 26,*269–77

Takahashi, M.& Overton, W.F. (2005). *Cultural foundations of wisdom: an integrated developmental approach.* See Sternberg 1990, pp. 32–60

Taranto, M.A. (1989). Facets ofwisdom: A theoretical synthesis. *International Journal of Aging and Human Development, 29* (1), 1-21.

TFPL (1999). *Skills for knowledge management: A briefing paper.* Lo nun: TFPL.

Thomas,M. D.& Bainbridge,W. L.（2002）. *Sharing the glory: educational leadership in the future will emanate not from positions, but from knowledge, wisdom, the ability to persuade and a personal commitment to fairness and justice - education, United States.* Retrievr from http://findarticles.com/p/articles/mi_m0HUL/is_3_31/ai_82092508

Tredget, D. A. (2010). Practical wisdom and the rule of benedict. *Journal of Management Development, 29*(7/8), 716–723.

Tulving,E.(1972). Episodic and semantic memory.In E.Tulving & Wayne Donaldson(Eds).*Organization of Memory.* London:Academic Press.

Tuomi, I. (2000). Data is more than knowledge. *Journal of Management Information Systems2, 16*(3), 103–117.

Urmson, J. O. (1998). *Aristotle's Ethics.* Oxford: Basil Blackwell.

Vaillant, G.E. (1993). *The wisdom of the ego.* Cambridge, MA: Harvard University Press.

Viitala, R. (2004). Towards knowledge leadership. *Leadership & Organization Development Journal, 25*(6), 528-544.

Wagner, R. K. & Sternberg, R. J. (1985). Practical intelligence in real-world pursuits: The role of tacit knowledge. *Journal of Personality and Social Psychology, 49,* 436–458.

Wagner, R. K. (1987). Tacit knowledge in everyday intelligent behavior. *Journal of*

Personality and Social Psychology, 52(6), 1236–1247.

Wagner, R. K., & Sternberg, R. J., (1985). Practical intelligence in real-word pursuits:The role of tacit knowledge. *Journal of personality and social psychology, 49*(2), 436-458.

Wagner, R. K., & Sternberg, R. J., (1986). Tacit knowledge and intelligence in the everyday world. In R. J. Sternberg & R. K. Wagner（Eds.）. *Practical intelligence*（pp. 51-83）. New York: Cambridge University Press.

Wagner, R. K., Sujan, M., Rashotte, C., & Sternberg, R. J., (1999).Tacit knowledge IN SALES.. In R. J. Sternberg, & J. A. Horvath(Eds.), *Tacit in professional practice*(pp. 155-182). Mahwah , NJ: Lawrence Erlabum.

Weber, M. (1968). *Max Weber on charisma and institutional building* (S. N. Eisenstadt. Ed.) Chicago: University of Chicago Press.

Webster, J. D. (2003). An exploratory analysis of a self-assessed wisdom scale.*Journal of Adult Development, 10*(1), 13–22.

Webster, J. D. (2007). Measuring the character strength of wisdom. *International Journal of Aging and Human development, 65*(2), 163–183.

Wechsler, D. (1939). *The measurement of adult intelligence.* Baltimore: Williams and Wilkins.

Weick, K. E. (2001). The Attitude of Wisdom. In: Weick, K.E. (2001) *Making sense of the organization.* Malden: Blackwell Publishing.

Whitehead, A. N. (1967). *The aims of education and other essays.* New York: Free Press.

Wiig, K. M. (1994). *Knowledge management: The central management focus for intelligent-acting organigations.* Arlington, TX: Schema Press.

Wikipedia(2018). *Fluid and crystallized intelligence.* Retrievr from

https://zh.wikipedia.org/wiki/%E6%B5%81%E4%BD%93%E4%B8%8E%E6
%99%B6%E4%BD%93%E6%99%BA%E5%8A%9B

Wilber, K. (1996). T*he Atman Project: A transpersonal view of human development*. Wheaton, Quest Books.

Wilber, K. (2000a). *Integral Psychology: Consciousness, Spirit, Psychology , Therapy*. Boston, Shambhala.

Wilber, K. (2000b). *A Theory of Everything: An Integral Vision for Business, Politics, Science and Spirituality.* Boston, Shambhala.

William,W. M.(1991). *Tacit and the successful executive* (Doctoral dissertation, Yale University,1991). University Microfilms international Dissertation Service, AAT913627.

Williams, W. M. & Sternberg, R. J. (1988). Group intelligence: Why some groups are better than others. *Intelligence, 12*, 351–377.

Willis, H. (1990). *Global mind change: The new age revolution in the way we think.* Werner, New York.

Wink, P., & Helson, R. (1997). Practical and transcendent wisdom: Their nature and some longitudinal findings. *Journal of Adult Development, 4*, 1–15.

Yang, S. (2008a). A process view of wisdom. *Journal of Adult Development, 15*(2), 62-75.

Yang, S. (2008b). Real-life contextual manifestations of wisdom. *International Journal of Aging & Human Development, 67*(4), 273-303.

Yang, S. (2011a). East meets West: Cross-cultural perspectives on wisdom and adult education. *New Directions for Adult and Continuing Education, 131*, 45–54.

Yang, S-Y. (2001). Conceptions of wisdom among Taiwanese Chinese. J. Cross-Cult. *Psychol. 32*, 662–80.

Yeaman, A. R. J. (1994). "Nine ideas for postmodern instructional design." In D.H.

Jonassen (Ed.), *Handbook of research for educational communications and technology* (pp. 285-286). NY: Simon and Schuster Macmillan.

Zeleny, M. (2006). knowledge-information autopoietic cycle: Towards the wisdom system. *International Journal of Management and Decision Making, 7*(1), 3–18.

Zins, C. (2007). Conceptual approaches for defining data, information, and knowledge. *Journal of the American Society for Information Science and Technology, 58*(4), 479–493.

Zohar, D. & Marshall, I. (2001). SQ-Spiritual Intelligence: The ultimate intelligence. London: Bloomsbury.

Zwerman, B., Thomas, J. & Haydt, S. (2004). *Professionalization of Project Management: Exploring the Past to Map the Future*. Newton Square, NA: Project Management Institute.

國家圖書館出版品預行編目(CIP) 資料

知識、智慧與領導 / 蔡金田著. -- 初版. -- 臺北
　市：元華文創, 民108.02
　　面；　公分

　　ISBN 978-957-711-055-8(平裝)

　1.教育行政 2.學校管理 3.領導

526　　　　　　　　　　　　　　　107022424

知識、智慧與領導

蔡金田 著

發 行 人：陳文鋒
出 版 者：元華文創股份有限公司
聯絡地址：100 臺北市中正區重慶南路二段 51 號 5 樓
電　　話：(02) 2351-1607
傳　　真：(02) 2351-1549
網　　址：www.eculture.com.tw
E-mail：service@eculture.com.tw
出版年月：2019 年 02 月 初版
定　　價：新臺幣 330 元

ISBN：978-957-711-055-8 (平裝)

總 經 銷：易可數位行銷股份有限公司
地　　址：231 新北市新店區寶橋路 235 巷 6 弄 3 號 5 樓
電　　話：(02) 8911-0825　　傳　　真：(02) 8911-0801